LOCA SABIDURÍA

Chögyam Trungpa

LOCA SABIDURÍA

Traducido por Ricardo Gravel
con la colaboración de Teresa Gottlieb
y Alfonso Taboada

editorial Kairós

Numancia, 117-121
08029 Barcelona

Título original: CRAZY WISDOM

© 1991 by Diana J. Mukpo
© de la edición española:
   1994 by Editorial Kairós, S.A.
   www.editorialkairos.com

Primera edición: Septiembre 1995
Segunda edición: Mayo 2005
Tercera edición: Julio 2012

ISBN-10: 84-7245-271-9
ISBN-13: 978-84-7245-271-8
D. Legal: B-22.861/2005

Fotocomposición: Beluga y Mleka s.c.p. Córcega, 267. 08008 Barcelona
Impresión y encuadernación: Publidisa

PRÓLOGO DE LA EDICIÓN INGLESA

En diciembre de 1972, el venerable Chögyam Trungpa Rínpoche enseñó dos seminarios sobre la «loca sabiduría». Cada seminario duró aproximadamente una semana. El primero tuvo lugar en un centro de veraneo desocupado, en las montañas Teton, cerca de Jackson Hole, en el estado de Wyoming. El segundo se celebró en el antiguo ayuntamiento de Barnet, un pueblo del estado de Vermont, en una sala de reuniones que había sido transformada en gimnasio, a pocos kilómetros del centro de meditación fundado por Chögyam Trungpa, llamado actualmente Karmê-Chöling y en aquel entonces *Tail of the Tiger* («la cola del tigre»).

Rínpoche había llegado a este continente hacía dos años, en la primavera de 1970. La América del Norte que él descubrió era un hervidero de cambios sociales y fenómenos como el movimiento hippie, el LSD y el supermercado espiritual. En respuesta al raudal incesante de enseñanzas que transmitía de manera tan directa, lúcida y realista, se había congregado un grupo de estudiantes muy dedicados, y cada día llegaban más. En el otoño de 1972 hizo su primera pausa táctica, un retiro de tres meses en una casa apartada en los bosques de Massachusetts.

Fue un retiro visionario, en el que Rínpoche analizó la dirección que tomaría en el futuro su labor en Norteamérica y los medios de los que disponía para llevarla a cabo. Formuló nuevos planes de gran envergadura. Durante la última noche del retiro no durmió. Les pidió a los pocos estudiantes presentes que recurrieran a lo que tenían a mano para preparar un suntuoso banquete. Él mismo pasó varias horas arreglándose para este banquete y no apareció hasta las dos de la madrugada, maravillosamente bien vestido y peinado, irradiando una extraordinaria energía. Hubo un momento en el transcurso de la conversación, que se prolongó hasta altas horas de la noche, en el que Rínpoche habló dos horas sin parar, haciendo una descripción muy vívida y detallada del sueño que había tenido la noche anterior. Luego dejó su retiro en cuanto empezó a aclarar y pasó el día entero viajando. Aquella noche, sin haber dormido aún, dio la primera charla del seminario sobre la «loca sabiduría» en Jackson Hole. Es posible que aquella mañana hubiera abandonado su retiro con la sensación de iniciar una nueva etapa de su labor. Algunos elementos de esta nueva fase se encuentran descritos en la última charla del seminario que se celebró en Jackson Hole.

Después del primer Seminario Vajradhatu de 1973 (planificado durante el retiro de 1972), el estilo pedagógico de Trungpa Rínpoche cambió y comenzó a exponer sus ideas en forma muchísimo más metódica, con el propósito de guiar a sus estudiantes por las etapas sucesivas del camino. Por lo tanto, los seminarios sobre la «loca sabiduría» corresponden a la última etapa del primer periodo de la labor didáctica de Rínpoche en Norteamérica, época durante la cual, por el contrario, demostró una capacidad inaudita para transmitir todos los niveles de las enseñanzas simultáneamente. Durante aquella fase premilinar, el ambiente estaba cargado de atisbos de realización y desbordante de las posibilidades que ofrece la vía súbita. Aquella era la atmósfera reinante cuando Rínpoche combinaba las enseñanzas básicas y las más avanzadas en un solo torrente de instrucciones profundas, sin dejar jamás de cercenar encarnizadamente los tentáculos omnipresentes del materialismo espiritual.

Tal vez convendría examinar por un instante esos dos seminarios a la luz de la lucha que llevó contra el materialismo espiritual. Aunque esos seminarios surgieron como respuesta a una solicitud de algunos estudiantes que querían recibir enseñanzas sobre los ocho aspectos de Padmasambhava, Trungpa Rínpoche había cambiado levemente el enfoque para hacer resaltar más la loca sabiduría. Tanto los estudiantes más «experimentados» como los recién llegados estaban ansiosos por aprender técnicas y principios espirituales concretos a los que aferrarse y con los que poder identificarse. Si Rínpoche hubiese presentado la iconografía exótica de los ocho aspectos de Padmasambhava con excesivo detalle, habría sido como arrojar un pedazo de carne sangrienta en un mar infestado de tiburones del materialismo espiritual. Esto explica en parte por qué evitó una hagiografía sistemática y metódica de los ocho aspectos, que no omitiera ningún detalle, y decidió en cambio presentar una comprensión íntima, descarnada y sin adornos de la loca sabiduría.

$$*\qquad*\qquad*$$

Ha sido necesario someter las charlas originales a una ligera corrección de estilo para facilitar su comprensión, pero no se ha modificado en absoluto el orden de presentación ni se ha omitido elemento alguno de la versión oral. Me he esforzado por no embellecer el lenguaje de Trungpa Rínpoche ni por retocar su estilo con el solo propósito de lograr un tono más convencional y presentable. Ojalá que el lector disfrute esas frases suyas que se deslizan entre las gotas de nuestra lluvia mental y llegan a aspectos de nuestro ser que la claridad conceptual jamás rozaría. Espero también que el lector comprenda que si ciertos pasajes resultan oscuros en

Loca sabiduría

una primera lectura, pueden aclararese en la segunda.
Estas charlas recogen el pujante rugido de un gran león
del dharma. ¡Ojalá pueda poner en estampida a los herejes y
bandoleros de la esperanza y el temor! Por el bien de todos
los seres, ruego que sus deseos se sigan cumpliendo.

SHERAB CHÖDZIN
Director de la edición inglesa

PRIMER SEMINARIO:
JACKSON HOLE 1972

Pema Gyalpo

1. PADMASAMBHAVA
Y LA LOCA SABIDURÍA

El tema que vamos a tratar es extraordinariamente difícil. Es posible que algunos de ustedes terminen completamente desconcertados, como también es posible que otros saquen algo en limpio. Hablaremos de Guru Rínpoche, más conocido en Occidente con el nombre de Padmasambhava, de su naturaleza y los diferentes estilos que adoptó en su vida durante el trabajo con sus discípulos. Éste es un tema muy complejo y resulta sumamente difícil expresar en palabras algunos de sus aspectos. Espero que nadie considere este humilde intento de descripción como un retrato definitivo de Padmasambhava.

Para comenzar, probablemente debamos definir a grandes rasgos el personaje de Padmasambhava y explicar cómo se integra en el contexto del *buddhadharma*[1] en general y, en particular, por qué los tibetanos llegaron a admirarlo tanto.

Maestro originario de la India, Padmasambhava llevó las enseñanzas completas del buddhadharma al Tíbet y sigue siendo hoy en día una fuente de inspiración para nosotros en Occidente. Hemos heredado sus enseñanzas y, desde este punto de vista, podríamos decir que Padmasambhava aún sigue vivo.

Me parece que la mejor manera de caracterizar a Padmasambhava para un público de cultura occidental y cristiana es decir que fue un santo. Vamos a considerar la profundidad de su sabiduría y de su forma de vida y su manera tan ingeniosa de relacionarse con sus discípulos. Éstos eran tibetanos, de un pueblo extremadamente salvaje e inculto. A pesar de que ellos mismos lo habían invitado al Tíbet, no sabían muy bien cómo recibir y acoger a un gran guru del extranjero. Eran muy testarudos y toscos, gente eminentemente práctica. Entorpecieron como pudieron la actividad de Padmasambhava en el Tíbet, aunque los obstáculos no provenían tan sólo de los habitantes, sino también de las diferencias climáticas y geográficas y del medio social en general. En cierto modo, la situación en que se encontraba Padmasambhava es muy similar a la nuestra aquí. Los norteamericanos son muy hospitalarios, pero su cultura también tiene aspectos muy primitivos y poco refinados. A nivel espiritual no se puede decir que la cultura estadounidense permita un fácil descubrimiento de la luz brillante ni que favorezca su aceptación.

Existe, por tanto, un cierto paralelismo según el cual los tibetanos corresponderían a los norteamericanos y Padmasabhava sería simplemente Padmasabhava.

Antes de examinar en detalle la vida y la actividad docente de Padmasambhava, me parece útil tratar de entender el concepto de santo según la tradición budista. La noción de santidad en el cristianismo y en el budismo son, en cierto modo, opuestas. En la tradición cristiana se suele considerar santo al que tiene una comunicación directa con Dios, a tal grado que a veces cae en una embriaguez divina que le permite hacer promesas tranquilizadoras a la gente. El vulgo considera al santo un modelo de conciencia superior y de desarrollo acabado.

Para el budismo, la espiritualidad es algo muy distinto. Es un enfoque no teísta, es decir que no se plantea el principio de una divinidad externa. Por lo tanto no existe la menor posibilidad de sonsacarle promesas a una divinidad ni de conseguir que ésta baje de las alturas a la Tierra. La espiritualidad según el budismo consiste en un despertar interno y no en una relación con algo externo. Por lo tanto, desde un punto de vista budista, esta noción del santo que logra extender su individualidad hasta establecer un lazo con un principio externo, para luego obtener algo de él y compartirlo con los demás, es algo difícil de aceptar e incluso inexistente.

En el contexto budista, un santo —Padmasambhava, por ejemplo, o un ser excepcional como el propio Buda— da fe del hecho de que un simple ser humano, común y corriente y desorientado, tiene la capacidad de despertar, de armarse de valor y despertar gracias a un acontecimiento fortuito de la vida, del tipo que sea. El dolor, los sufrimientos de todo tipo, la aflicción y el caos que forman parte de la vida empiezan a despertarle, a sacudirlo. Conmocionado, se pregunta: «¿Quién soy? ¿Qué soy? ¿Por qué ocurre todo esto?». Luego escarba más a fondo y se da cuenta de que hay algo dentro de él que está haciendo estas preguntas, algo inteligente, algo que no está totalmente sumido en la confusión.

Lo mismo sucede en nuestra propia vida. Tenemos una sensación de confusión —o que al menos nos parece ser confusión—, pero esa confusión está apuntando a algo sobre lo que vale la pena reflexionar. Las preguntas que nos planteamos cuando estamos sumidos en la confusión son potentes y auténticas. Nos preguntamos: «¿Quién soy? ¿Qué soy? ¿Qué es esto? ¿Qué es la vida?», y muchas cosas más. Luego exploramos un poco y nos preguntamos: «de hecho, ¿quién diablos hizo esa pregunta? ¿Quién preguntó "quién soy yo"? ¿Quién preguntó "qué es", o incluso "qué es este *qué es*"?». Seguimos cuestionándonos, metiéndonos cada vez más dentro de nosotros mismos. Ésa es la espiritualidad no teísta en toda la acepción de la palabra. Las fuentes externas de inspiración no nos estimulan a adaptarnos a otras situaciones externas. Por el contrario, las situaciones externas existentes nos hablan de nuestra confusión, lo que nos lleva a pensar más, a reflexionar más detenidamente. Cuando iniciamos este proceso, surge naturalmente otra interrogante: una vez que hayamos descubierto quién y qué somos, ¿cómo haremos para aplicar estos conocimientos a nuestra situación vital? ¿Cómo los pondremos en práctica?

Al parecer, hay dos maneras de encarar el problema. La primera consiste en intentar vivir de acuerdo con lo que nos *gustaría* ser, la segunda en tratar de ser lo que realmente somos. Esforzarse por vivir de acuerdo a lo que a uno le gustaría ser es como fingir que uno es un ser divino, una persona realizada o cualquier otro modelo de esta índole. Cuando tomamos conciencia de las cosas que andan mal en nosotros, de nuestras debilidades, problemas y neurosis, hay un impulso natural que nos lleva a hacer todo lo contrario, como si la posibilidad de equivocarnos o estar confusos fuera algo inaudito. Nos decimos: «piensa positivamente, haz como si todo anduviera bien». A pesar de que sabemos que algo anda mal a nivel de las situaciones concretas de la vida diaria, a nivel de lo cotidiano y corriente, no le damos la debida importancia: «olvidémonos de esa "mala vibra". Pensemos de otra manera. Finjamos ser buenos».

Esa actitud se conoce en la tradición budista como *materialismo espiritual*. Es una actitud poco realista o, como dirían los hippies en su jerga, una actitud pasota: «olvidémonos de lo malo y hagamos como si fuéramos buenos». Podríamos considerar como materialismo espiritual cualquier método —budista, hinduísta, judío o cristiano— que nos proporcione técnicas para asociarnos con lo bueno, lo mejor, lo supremamente bueno, o con el bien supremo, lo divino.

Cuando nos ponemos en contacto con lo bueno, nos sentimos felices, fascinados. Pensamos: «¡por fin he encontrado la respuesta!». Esa respuesta nos dice que lo único que debemos hacer es considerar que ya estamos liberados. Luego, cuando empezamos a pensar que ya somos seres libres, nos basta con dejar que la vida siga su curso.

Acto seguido añadimos otro elemento para reforzar nuestro materialismo espiritual: vinculamos todo lo que desconocemos o no entendemos en nuestra búsqueda espiritual con citas de diferentes libros sagrados que aluden a lo que está más allá del pensamiento y más allá del verbo, a lo inefable, al Ser Inefable y quién sabe a cuántas cosas más. Relacionamos nuestra incapacidad de comprender lo que nos sucede con esas cosas indecibles e inexpresables. De esa manera, nuestra ignorancia se transforma en el descubrimiento más grandioso. Y a ese «gran descubrimiento» lo hacemos coincidir con alguna hipótesis doctrinal, tal como la existencia de un «redentor» o alguna otra interpretación de los textos sagrados.

Antes no sabíamos absolutamente nada, pero ahora «sabemos» algo que en realidad no sabemos. Ahora sí hay algo delante de nosotros. No somos capaces de describirlo con palabras, conceptos e ideas, pero hemos aprendido que, para empezar, podemos deformarnos hasta transformarnos en algo bueno. Así que por lo menos hemos encontrado un punto de partida que consiste en tomar nuestra confusión y, de manera directa y consciente, transformarla en un estado libre de confusión. Lo que nos lleva a actuar así es precisamente nuestra búsqueda de placer, de placer espiritual. Al hacerlo afirmamos que la naturaleza del placer que buscamos está más allá del conocimiento, porque en realidad no tenemos la menor idea de la clase de placer espiritual que conseguiremos con esta maniobra. Y todas las interpretaciones espirituales de las escrituras que se refieren a lo que está más allá del conocimiento las aplicamos al hecho de que no sabemos qué estamos haciendo en el plano espiritual. Sin embargo, nuestra convicción espiritual es ahora certeza, puesto que hemos logrado suprimir las dudas originales con respecto a quién y qué somos, la sensación de que quizá no seamos nada. Hemos borrado todo eso y es posible que ya ni siquiera lo recordemos.

Al suprimir ese desconcierto del ego que nos condujo a lo desconocido —un desconocido cuya naturaleza no entendemos—, nos encontramos ante dos tipos de juegos que nacen de la confusión: el juego de lo desconocido y el de lo desconocido trascendente. Ambos forman parte del materialismo espiritual. No sabemos qué somos, ni tampoco quiénes somos, pero sí sabemos que nos gustaría ser algo o alguien. Decidimos seguir tratando de ser lo que nos gustaría ser, a pesar de que no sabemos qué es. Ése es el primer juego. Luego, para remate, junto con querer ser algo, también quisiéramos asegurarnos de que existe algo en el universo o el cosmos que corresponde a ese «algo» que somos. Tenemos la sensación de descubrir ese algo que quisiéramos conocer, pero en realidad no logramos entenderlo, y es así como se transforma en lo desconocido trascendente. Como no lo entendemos, nos decimos: «transformemos esa confusión mayor, esa confusión gigantesca, en la espiritualidad de la infinitud divina», o algo por el estilo.

Esto nos debería dar una cierta imagen de lo que es el materialismo espiritual. El peligro del materialismo espiritual es que cuando caemos bajo su influencia formulamos todo tipo de hipótesis. En primer lugar están las hipótesis de orden personal y casero, que formulamos porque queremos ser felices. En segundo lugar, las hipótesis espirituales, que surgen cuando permitimos que ese gran descubrimiento, ese descubrimiento gigantesco y trascendente, siga siendo un misterio. Eso trae consigo nuevas hipótesis, de mayor envergadura aún; no sabemos qué lograremos verdaderamente al alcanzar esa cosa desconocida, pero de todos modos la describimos en términos vagos, por ejemplo, «absorción en el cosmos». Y como nadie jamás ha podido llegar tan lejos, si alguien pusiera en duda nuestro descubrimiento de la «absorción en el cosmos» inventaríamos nuevas explicaciones lógicas o buscaríamos respaldo en los escritos religiosos y otros textos.

Todo esto refuerza nustras convicciones y nos demuestra que la experiencia que proclamamos es auténtica. Nadie puede ponerla en tela de juicio. De hecho llega un momento en que ya no caben las dudas. Nuestra perspectiva se vuelve tan rígida que ya no hay espacio alguno para cuestionar nada. Eso se podría llamar «lograr la egoidad», por oposición a lograr la realización. Cuando llegamos a ese punto, si los demás rechazan la agresión y pasión que intentamos imponerles, la culpa es suya; no entienden lo inefable que es esta espiritualidad, así que ellos tienen la culpa. Lo único que podemos hacer para ayudarlos es «jibarizarlos», arrancarles el cerebro y el corazón. Así quedarán reducidos a títeres cuyos hilos podremos manejar.

*   *   *

He esbozado aquí a grandes rasgos un retrato del materialismo espiritual, el primero de dos caminos: tratar de vivir según lo que a uno *le gustaría* ser. Hablemos ahora del segundo camino, que consiste en tratar de vivir según que uno es.

En el segundo caso debemos ver nuestra confusión, nuestro sufrimiento, nuestro dolor, pero sin transformar lo que descubrimos en respuestas. Por el contrario, se trata de explorar cada vez más, ir cada vez más lejos, sin buscar una respuesta. En este proceso trabajamos con nosotros mismos, con nuestra vida y nuestra psiquis, pero sin buscar respuestas, simplemente observando las cosas tal cual son, observando lo que se nos pasa por la cabeza de manera sencilla y directa, manteniéndonos absolutamente fieles a la realidad. Si somos capaces de entregarnos a este proceso, se nos abre una extraordinaria posibilidad de hacer de nuestra confusión, es decir el caos y la neurosis de nuestra mente, un nuevo material de estudio. Esto nos permite seguir profundizando más y más y más. No le damos una importancia excesiva a ningún elemento en particular ni intentamos convertirlo en una respuesta. Por ejemplo, si descubrimos alguna falla en nuestra personalidad, podríamos pensar que ahí está el quid del asunto, el núcleo del problema y, por ende, la solución. No es así. No nos quedemos estancados ahí, vayamos aún más lejos: «¿por qué es así? ¿Por qué existe la espiritualidad? ¿Por qué existe el despertar? ¿Por qué siento este alivio pasajero? ¿Por qué este descubrimiento de que la espiritualidad me da placer? ¿Por qué, por qué, por qué?» Calamos cada vez más y más y más hondo, sin cejar en el empeño, hasta que llegamos a un punto en que ya no hay respuestas. Ni siquiera hay preguntas. Llega un momento en que tanto la pregunta como la respuesta desaparecen simultáneamente. Es tal la fricción entre ambas que se produce un cortocircuito. Cuando por fin llegamos a ese punto tendemos naturalmente a renunciar a toda esperanza de recibir una respuesta o cualquier otra cosa. Ya no nos queda ni la más mínima esperanza. Estamos simplemente desesperanzados. Esto se podría llamar «trascender la esperanza» si quisiéramos expresarlo en términos más elegantes.

Esta no esperanza es la esencia de la loca sabiduría. Es la falta de esperanzas, la falta absoluta de esperanzas. Incluso va más allá de la desesperanza. Claro que si nos esforzamos por convertir esa no esperanza en una solución, podríamos volver a caer en la confusión... o en algo peor.

El proceso consiste en ir cada vez más y más lejos, en cavar cada vez más hondo, sin el menor punto de referencia espiritual, sin la idea de un redentor, dejando de lado las balizas del bien y del mal, todos los puntos de referencia. Finalmente podríamos llegar al nivel basal de la no esperanza, al nivel en el que se trasciende la esperanza. Eso no significa que nos convirtamos en zombis. Aún conservamos todas nuestras fuerzas; nos sigue fascinando lo que descubrimos y lo que se nos revela sin cesar, una y otra y otra vez. Este proceso de descubrimiento se va regenerando automáticamente, de modo que podemos seguir cavando, cada vez más y más hondo. El proceso incesante de profundización es el trabajo de la loca sabiduría y es lo que caracteriza a un santo según la tradición budista.

Los ocho aspectos de Padmasambhava que vamos a estudiar se relacionan con ese proceso de penetración psicológica que consiste en traspasar primero la capa de lo psicológico, después en traspasar otra capa, y luego otra y otra más, y así sucesivamente, atravesando capa tras capa, infinitas capas, cada vez más hondo. Éste es el proceso al que nos someteremos al examinar la vida de Padmasambhava, sus ocho aspectos y la loca sabiduría.

En este contexto vemos que la actitud budista con respecto a la espiritualidad consiste en ir despejando implacablemente todas las posibilidades de confirmarse a sí mismo que surgen en diferentes puntos del camino espiritual. Cuando uno descubre que ha progresado en el plano espiritual, el hecho mismo de haber descubierto ese progreso se considera como un obstáculo que le impedirá seguir adelante. Por eso uno no tiene la menor posibilidad de descansar, de relajarse ni de sentirse complacido por lo que ha hecho. El camino espiritual no acepta detenciones, es un esfuerzo constante y sin concesiones. Ésa es la esencia de la espiritualidad de Padmasambhava.

Padmasambhava tuvo que lidiar con los tibetanos de su época. Imagínense: un gran mago y erudito de la India, un gran *vidyádhara* o maestro tántrico, llega al País de las Nieves, al Tíbet. Los tibetanos piensan que les va a transmitir maravillosas enseñanzas espirituales que les permitirán conocer la esencia de la mente. Las esperanzas de los tibetanos son enormes. El trabajo de Padmasambhava consiste en ir desbrozando capa tras capa sus esperanzas y abriéndose paso a través de lo que suponen que es la espiritualidad. Finalmente, al término de la misión de Padmasambhava en el Tíbet, cuando se manifestó como Dorje Trolö, había logrado despejar todas esas capas de esperanza. Los tibetanos empezaron a darse cuenta de que la espiritualidad consiste en traspasar la esperanza y el miedo, así como descubrir de repente la inteligencia que supone ese proceso.

PREGUNTA[2]: ¿Qué diferencia hay entre la loca sabiduría y la simple locura? Algunas personas podrían muy bien seguir en su locura y confusión y justificarse diciendo que practican la loca sabiduría. ¿Cuál es la diferencia entonces?

TRUNGPA RÍNPOCHE: Bueno, eso es precisamente lo que he tratado de explicar en esta charla, pero intentaré hacerlo de nuevo. En el caso de la locura corriente, estamos siempre tratando de ganar el partido. Es posible incluso que tratemos de transformar la locura en una especie de credencial para ganarles a los demás. Es posible que tratemos de atraer a otros a través de la pasión o de destruirlos por medio de la agresión. La mente esta constantemente empeñada en un juego. Puede ser que ese juego —las estrategias incesantes que mantienen ocupada a la mente— nos proporcione alivio de vez en cuando, pero resulta necesario mantener ese alivio con nuevas agresiones. Este tipo de locura se ve obligada a perpetuarse a sí misma continuamente, sin descanso.

En el caso de la locura primordial de la loca sabiduría, no nos dejamos seducir por la pasión ni sulfurar por la agresión. Nos relacionamos con esas vivencias tal cual son, y si en medio de ese estado absolutamente común y corriente surge algo que comienza a hacer alarde de su importancia, lo eliminamos sin referirnos a nociones de bueno y malo. La loca sabiduría no es más que la acción de la verdad. Lo troncha todo. Ni siquiera se empeña en convertir la falsedad en verdad, pues eso sería una distorsión. Es implacable, porque en la medida en que estemos dispuestos a percibir la verdad en su totalidad, en la medida en que queramos estar absolutamente sanos y enteros, comprenderemos que no vale la pena prestarle atención a los impulsos de interpretarlo todo, de traducir a nuestro lenguaje todo lo que vaya surgiendo, por muy leves que estos sean. En cambio, en la locura corriente uno suele estar totalmente a favor de esa actitud e intenta adaptar a su idiosincrasia todo lo que surge. Uno hace que las cosas se ajusten a la idea que tiene de ellas o a lo que quiere ver, a diferencia de la loca sabiduría, cuya precisión absoluta surge del instante mismo, de las cosas tal cual son. Éste era el estilo de acción de Padmasambhava.

PREGUNTA: ¿Qué tiene que ver la disciplina con el hecho de ser realmente uno mismo? Yo pensaba que la disciplina consistía en imponerse algo.

TRUNGA RÍNPOCHE: La disciplina más difícil es la de ser lo que uno es en realidad. Es muchísimo más fácil esforzarse sin cesar por ser lo que uno *no* es, pues nos hemos acostumbrado a engañarnos a nosotros mismos y a engañar a los demás, haciendo que todo calce dentro de las categorías que les hemos asignado. En cambio, si eliminamos todo eso, la situación se vuelve muy irritante y aburrida. Ya no es posible contarse cuentos. Todo se vuelve sumamente sencillo.

PREGUNTA: Usted suele recurrir al humor en sus explicaciones. Ese sentido del humor que usted emplea, ¿es la loca sabiduría?

TRUNGPA RÍNPOCHE: No exactamente. El sentido del humor se inclina aún demasiado hacia el otro lado, el lado de la esperanza y el temor. Es una lógica dialéctica, mientras que la loca sabiduría es una perspectiva global.

PREGUNTA: ¿Debemos relacionarnos con la esperanza y el temor por medio de una práctica espiritual?

TRUNGPA RÍNPOCHE: Me parece realmente excelente su pregunta. Desde el punto de vista que he estado exponiendo, todo lo que es implacable, todo lo que está libre de la esperanza y el temor, tiene que ver con la práctica espiritual.

Notas

1. Dharma del Buda o enseñanzas budistas. (*N. del T.*)
2. La palabra PREGUNTA y el nombre del autor TRUNGPA RÍNPOCHE se escribirán con todas sus letras cada vez que un estudiante nuevo se dirija al autor, pero si el diálogo con un mismo estudiante se prolonga, se utilizarán en su las abreviaturas P. y T.R. (*N. del T.*)

2. EL TRIKAYA

Hemos analizado las dos actitudes que se pueden adoptar con respecto a la espiritualidad: el materialismo espiritual y la superación del materialismo espiritual. El método de Padmasambhava consiste en superar el materialismo espiritual, en cultivar la cordura primordial. Cultivar la cordura primordial es una manera de trabajar sobre sí mismo, cuya base de trabajo es el camino mismo y no la consecución de un objetivo. Es el camino mismo el que nos sirve constantemente de inspiración y no, como en el caso del burro y la zanahoria, las promesas con respecto a lo que vamos a lograr. Dicho de otro modo, y para que quede perfectamente claro, la diferencia entre el materialismo espiritual y la superación del materialismo espiritual es que en el materialismo espiritual las promesas son como zanahorias que atraen al burro y hacen que éste se lance ciegamente a todo tipo de aventuras. En cambio, cuando se supera el materialismo espiritual deja de haber metas. La meta está siempre presente, en todo lo que vivimos, en cada instante de nuestro recorrido espiritual.

De esta manera, el camino espiritual pasa a ser tan hermoso y apasionante como si ya fuéramos budas. Nos ofrece constantemente nuevos descubrimientos, mensajes y advertencias y, además, nos pone en nuestro lugar a través de lecciones dolorosas... y también agradables. El viaje espiritual del que se empeña por superar el materialismo espiritual es un viaje completo en sí, un viaje que no depende de un objetivo externo.

La plenitud del viaje es lo que analizaremos en la vida de Padmasambhava. Esa plenitud se puede describir en función de ciertos elementos que son el espacio básico o la totalidad, la energía o el juego y, finalmente, la aplicación práctica, la posibilidad de enfrentar las situaciones tal como se nos presentan. Son tres los principios: la totalidad o el contexto general del viaje; la noción de juego en el camino y, por último, el pragmatismo con que se avanza por el camino. Ésas son las tres categorías que se pueden establecer.

Antes de examinar en detalle los ocho aspectos de Padmasambhava, tal vez convendría estudiar estos tres principios y ver cómo Padmasambhava nos muestra que constituyen un camino.

En primer lugar debemos examinar detenidamente la naturaleza del camino mismo. El camino es un esfuerzo personal, es la energía que cada uno de nosotros invierte en su vida diaria. Consiste en tratar de encarar nuestra situación cotidiana —ya sea creativa, destructiva o de otro tipo— como un proceso de aprendizaje. Que uno derrame el café en la mesa del vecino o simplemente le pase la sal, estamos hablando de lo mismo. Esta clase de cosas se produce a cada rato en nuestra vida. Siempre estamos haciendo algo, continuamente estamos relacionándonos con las cosas o rechazándolas. Hay un juego constante. Ahora no me estoy refiriendo particularmente a la espiritualidad, sino simplemente al diario vivir, a las cosas que suceden siempre en nuestras vidas. Ése es el camino.

De hecho, no es necesario calificar el camino de espiritual. No es más que un simple viaje, un viaje que implica una interacción con la realidad de una cosa y de otra... o con su irrealidad, como prefieran. La relación con estas interacciones —es decir el proceso de vivir, el proceso de ser— es el camino. Es posible que consideremos nuestro camino como una manera de lograr la realización o de alcanzar la egoidad, y quién sabe cuánta cosa más. Sea como fuere, nunca nos quedamos estancados; eso está totalmente excluido. Nos puede parecer que nos hemos quedado estancados. Podemos estar aburridos con la vida y con todo, pero en realidad nunca estamos verdaderamente aburridos, nunca nos quedamos estancados de verdad. Lo repetitivo de la vida no es realmente repetición: siempre está sucediendo algo, las situaciones siempre están cambiando, a cada instante. Ése es el camino.

Desde este punto de vista, el camino es algo neutro. Nada tiene prioridad. Lo que hay es un viaje sin fin, un viaje que se inició en el momento de la separación original, cuando empezamos a relacionarnos por medio de nociones como «el otro», «yo», «lo mío», «lo nuestro», etcétera. Cuando empezamos a establecer una relación con las cosas como entidades separadas. Al otro lo llamamos «los demás» y a esta cosa la llamamos «yo». El viaje empezó en ese preciso instante. Ésa fue la primera creación del samsara y el nirvana. Muy al comienzo, cuando decidimos conectarnos de alguna manera con la energía de las situaciones, emprendimos el viaje y empezamos a recorrer un camino.

Con el tiempo fuimos adoptando una actitud determinada frente al camino y lo fuimos condicionando, orientándolo hacia lo mundanal o hacia lo espiritual. Dicho de otro modo, la espiritualidad no es realmente el camino, sino más bien una manera de condicionar nuestro camino y nuestra energía.

Los condicionantes del camino son las tres categorías que ya mencioné. El condicionamiento interviene, por ejemplo, a nivel de la totalidad de la vivnecia, que es la primera categoría. Éste es un aspecto de nuestra relación con el camino, es decir por medio de la totalidad de nuestra vivencia. El camino existe de todos modos, pero además nos relacionamos con él de una determinada manera y adoptamos una postura determinada con respecto a él y eso hace que el camino sea espiritual o mundanal. Así nos relacionamos con el camino y surge la motivación, que tiene tres aspectos.

En la tradición budista, los tres aspectos del camino se llaman *dharmakaya*, *sambhogakaya* y *nirmanakaya*[1]. Estos tres aspectos son lo que va condicionando el camino. El proceso continuo de andar por el camino va acompañado de una actitud global. El camino va tomando una forma determinada que contiene un elemento de cordura total y fundamental. Esa cordura total, esa cualidad despierta, no es muy atractiva en el sentido habitual. Es la sensación de absolsuta apertura que mencionamos hace un rato. Esta apertura total y completa es lo que nos permite superar la esperanza y el miedo. Gracias a ella nos relacionamos con las cosas tal cual son y no como nos gustaría que fueran. Esta cordura fundamental, esta manera de ser que trasciende la esperanza y el miedo, es la actitud de la realización.

Se trata de un actitud muy práctica gracias a la cual uno no rechaza las cosas que se van presentando en el camino, ni tampoco se queda apegado a ellas. Uno ve las cosas tal cual son y punto. Por lo tanto, es una actitud total y completamente abierta, una absoluta disposición a examinar todo lo que va surgiendo, a trabajar con todo y a relacionarse con las cosas en el contexto del proceso global. Esta actitud corresponde al dharmakaya, al espacio que todo lo abarca, que lo incluye todo sin prejuicios. Es una manera de pensar más amplia, una manera más holgada de considerar las cosas, lo opuesto a una visión estrecha y puntillosa.

Cada vez que no consideramos el mundo como un enemigo adoptamos el criterio del dharmakaya. El mundo es una oportunidad, es nuestra base de trabajo. Nada de lo que sucede nos obliga a luchar contra él. El mundo es esa situación extraordinariamente rica que está ahí, que nos ofrece innumerables recursos. Semejante postura de generosidad fundamental y total riqueza corresponde al dharmakaya, que es una forma de pensar absolutamente positiva. Esta visión más amplia es la primera actitud que tomamos en lo que al camino se refiere.

Luego tenemos la segunda actitud, que corresponde al sambhogakaya. Las cosas son abiertas y espaciosas y manejables, es cierto, pero hay algo más. También debemos relacionarnos con la vivacidad y la energía, con los destellos y los chispazos de vida que se van produciendo en medio de ese espacio abierto. Esa energía —que incluye la agresión, la pasión, el desconocimiento, el orgullo, los celos, etcétera— también merece ser reconocida. De hecho, todo lo que se presenta en el ámbito de la mente puede ser aceptado como una luz centelleante cuyo brillo atraviesa el espesor del camino espiritual. Es una luz que brilla y nos sorprende sin cesar. Hay otro aspecto de nuestro ser, un aspecto muy vivo, enérgico y pujante. Siempre estamos descubriendo algo. Ésa es la relación que establecemos con el camino en función del sambhogakaya.

Por lo tanto, el camino consiste en una sensación muy amplia de aceptación total de las cosas como son y en un elemento que podríamos llamar fascinación ante los apasionantes descubrimientos que aporta cada situación. Vale la pena recalcar aquí que no pretendemos clasificar nuestras vivencias y definirlas como virtuosas, religiosas o mundanales. Nos relacionamos simplemente con las cosas que surgen en las diferentes situaciones que vivimos. Esas energías y pasiones con que nos tropezamos al andar por el camino nos hacen descubrir continuamente nuevas facetas de nuestro ser, nos revelan perfiles diferentes de nosotros mismos. A estas alturas, las cosas se vuelven bastante interesantes: en realidad, no somos tan vacíos ni tan planos como creíamos.

El tercer tipo de relación con el camino está vinculada al nirmanakaya, que es el aspecto fundamentalmente práctico de nuestra existencia en el mundo. Por un lado está la totalidad y por otro las diversas energías, y además hay una manera de funcionar en el mundo viviente, el mundo tal cual es. Este último aspecto exige mucha vigilancia y un esfuerzo enorme. No podemos dejar sin más que la totalidad y la energía se encarguen de todo; debemos enfrentarnos a la vida con cierta disciplina. Todas las disciplinas y técnicas descritas en las tradiciones espirituales se relacionan con este principio de la aplicación en el camino, que corresponde al nirmanakaya. Practicar la meditación, trabajar con el intelecto, interesarse en profundizar las relaciones con los demás, desarrollar la compasión fundamental y el sentido de la comunicación, cultivar el conocimiento, lograr una sabiduría que nos permita observar una situación en su totalidad y ver de qué modo se puede convertir lo que se presenta en algo manejable: todas estas disciplinas son propias del nirmanakaya.

Estos tres principios o etapas —el dharmakaya, el sambhogakaya y el nirmanakaya— nos proporcionan en conjunto todas las bases de nuestro viaje espiritual. Gracias a ellos, el viaje y nuestra actitud al respecto se vuelven operativos, se transforman en algo que podemos abordar de manera inteligente y directa, sin tener que relegarlo a categorías vagas como «el misterio de la vida».

A nivel del estado psicológico, cada uno de estos principios tiene otra característica, que valdría la pena mencionar. Como estado psicológico, el dharmakaya es el ser fundamental, una totalidad en la que nunca han existido la confusión y el desconocimiento, una existencia total que *no necesita jamás punto de referencia alguno*. El sambhogakaya es un estado que siempre contiene energía espontánea, puesto que *no depende jamás de ninguna forma de energía condicionada por la causa y el efecto*. El nirmanakaya es una plenitud autoexistente en la que *no es necesario idear estrategias para poder funcionar*. Éstos son los aspectos psicológicos de la naturaleza búdica que se manifiestan.

Al estudiar la vida y los ocho aspectos de Padmasambhava encontraremos estos tres principios. El hecho de ver estos principios psicológicos en acción en la vida de Padmasambhava puede ayudarnos a no considerarlo únicamente como un personaje mítico que nadie ha conocido. Podemos trabajar juntos con estos principios, y además cada uno de ustedes puede trabajar con ellos individualmente.

PREGUNTA: Los ocho aspectos de Padmasambhava, ¿son como ocho etapas por las que debemos pasar si queremos dar un gran salto en nuestro desarrollo psicológico?

TRUNGPA RÍNPOCHE: En realidad, estos ocho aspectos no son niveles de desarrollo sucesivos ni lineales. Son ocho aspectos de una misma situación; es un principio central rodeado de ocho tipos de manifestaciones. Estos ocho aspectos se dan en numerosas situaciones.

Psicológicamente podemos dar un gran salto si tomamos en cuenta esta realidad. Sin duda, usted sabe que, según los textos sagrados, Padmasambhava ya había logrado la realización cuando se manifestó en sus ocho aspectos. Los ocho aspectos no son su recorrido espiritual, sino una manera de expresarse, de danzar con las situaciones. Desde un primer momento estaba manifestando expresiones de la loca sabiduría.

Lo que estoy tratando de decir es que podemos encontrar cada uno de los ocho aspectos en nosotros mismos, en una sola situacion de trabajo. Tenemos la facultad de conectarnos con ellos, de dar un gran salto en los ocho simultáneamente.

P: ¿Así que no se trata en absoluto de una progresión lineal, como los diez *bhumis*[2]?

T.R.: Es que aquí estamos hablando del «camino súbito», el camino abrupto y directo del tantra. Se trata de una realización que es independiente tanto de la acumulación como de la extirpación progresiva de factores externos. Es la realización que lo va minando a uno desde dentro, no un desenmascarar que se produce desde fuera. Ir minando desde dentro es el método tántrico. En cierto sentido, se sustituye a los diez bhumis, a las diez etapas del camino del bodhisattva. Nos referimos más bien al «*samadhi* semejante al *vajra*[3]» logrado por el Buda y a su forma de relacionarse con las cosas, que está obviamente ligado a la naturaleza búdica[4]. Aquí planteamos la noción de una transmisión directa y súbita, de un camino directo que no pasa ni por las *paramitas*[5] ni por los bhumis. La idea aquí es considerar que uno ya es un buda. Ser buda es el camino, no la meta. Se trabaja desde dentro hacia fuera. La máscara se va cayendo por sí sola.

PREGUNTA: ¿Padmasambhava era ya un buda cuando nació?

TRUNGPA RÍNPOCHE: Era más una persona despierta que un buda plenamente realizado. Era el principio del dharmakaya que intentaba manifestarse en el plano del sambhogakaya para luego empezar a establecer una relación con el mundo externo. Por lo tanto podríamos considerar que desde el nacimiento fue un buda en potencia y que luego derribó, implacable e intrépido, todas las barreras a la consumación de ese potencial. Logró la realización instantánea de golpe, y me parece que nosotros podríamos hacer lo mismo.

PREGUNTA: ¿Esto se relaciona con la necesidad de dar el salto que usted ha mencionado tantas veces?

TRUNGPA RÍNPOCHE: Se relaciona más con la *disposición* a dar el salto que con el salto mismo. Primero estamos dispuestos a saltar y acto seguido se produce la situación del salto. En el fondo, lo que importa es la perspectiva que adoptamos, el espíritu con que lo hacemos, y no tanto la aplicación específica, la manera de manejar las cosas. Es algo muchísimo más amplio.

PREGUNTA: Usted ha hablado mucho de ser implacable y no tener miedo. ¿Con qué hay que ser implacable? ¿Se trata simplemente de adoptar cierta actitud psicológica de manera implacable?

TRUNGPA RÍNPOCHE: La idea de ser implacable es

que cuando uno es implacable nadie puede engañarle; nadie puede seducirle y hacer que vaya por mal camino. Es ser implacable en ese sentido y no en el sentido convencional de la agresión ilógica, como en el caso de Mussolini o de Hitler, o de otros como ellos. A uno no le van a venir con cuentos ni lo van a engañar, porque uno no lo aceptaría; hasta un simple intento de engaño provoca una energía destructora. Si alguien está completamente abierto y totalmente despierto según en el sentido de la loca sabiduría, nadie puede hacerlo entrar ciegamente en su territorio.

P: Uno puede mantenerse en una posición implacable...

T.R.: Uno no se mantiene, son los demás quienes lo mantienen en esa posición. Uno no mantiene absolutamente nada. Uno no hace más que *estar ahí*, y cuando una situación se le viene encima, uno la proyecta de vuelta y punto. Tomemos el ejemplo del fuego. El fuego no posee su naturaleza destructora; la destrucción simplemente se produce. Al poner algo en el fuego o tratar de apagarlo, su poder ofensivo se manifiesta. Es la naturaleza orgánica o química del fuego.

P: Cuando estas cosas le suceden a uno, hay que ser implacable para repelerlas, ¿no? Por lo tanto, me parece que es necesario juzgarlas para determinar si son buenas o malas, positivas o negativas, y saber si conviene ser compasivo o implacable.

T.R.: No estoy de acuerdo. La clave de la actitud implacable trascendente está precisamente en que no es necesario formular juicio alguno. La situación misma provoca la acción. Uno no hace más que reaccionar, porque la agresión ya está en los elementos. Pero si uno interfiere o se enfrenta a los elementos con irreverencia o torpeza, devuelven golpe por golpe.

Da la impresión de que la actitud implacable se nutre de la relatividad, de «esto» contra «aquello», pero en realidad no es así. Es absoluta. Los demás plantean una noción relativa y uno la desarticula. Este estado del ser no se sitúa en un ningún nivel relativo. Dicho de otro modo, lo absoluto desarticula las nociones relativas que encuentra en su camino sin perder su autonomía.

P.: Entonces es algo muy aislado y solitario, ¿no?.

T.R.: No, no creo, porque lo absoluto es *todo*. Se podría decir que uno tiene más de lo que necesita.

P.: ¿Quiere decir que es lo mismo no tener esperanza que no sentir miedo?

T.R.: Sí., porque son lo más absoluto, a condición de que uno sea capaz de trabajar con esos estados. Son lo más verdadero.

PREGUNTA: ¿Cómo se aplica esta actitud implacable a la destrucción del ego? Eso de ser implacable me suena muy poco compasivo, casi como algo egótico.

TRUNGPA RÍNPOCHE: Bueno, es la intensidad del ego la que genera medidas «poco compasivas». En otras palabras, cuando la neurosis y la confusión llegan al paroxismo, la única manera de corregirlas es destruyéndolas. Hay que hacerlas añicos. Es la confusión misma que exige ese proceso de destrucción; no es que alguien decida que valdría la pena destruir violentamente la confusión. Aquí no interviene el pensamiento. La intensidad misma de la confusión exige que se la destruya. Ser implacable consiste en activar esa energía. Se trata de dejar simplemente que la energía se consuma sola, en vez de tratar de aniquilarla. Sencillamente, uno deja que la confusión del ego se suicide en vez de matarla. Eso es ser implacable. El ego se va aniquilando implacablemente y uno le da el espacio necesario para que lo pueda hacer.

No es una guerra. Uno está *ahí* y, por lo tanto, es lo que sucede. Por otra parte, cuando uno no está ahí, existe la posibilidad de salirse por la tangente o de buscar un chivo expiatorio. Pero si uno está ahí, no es ni siquiera necesario ser implacable. Basta con ser; desde el punto de vista del ego, eso ya es ser implacable.

Notas

1. Estos tres aspectos constituyen el *trikaya*, título de este capítulo. (*N. del T.*)

2. Diez etapas del camino del *bodhisattva* hacia la realización de la budidad o estado de buda. El bodhisattva es aquél que se propone lograr la realización por el bien de los demás, pero a la vez renuncia a ella mientras exista algún ser que no la haya logrado. La acción del bodhisattva se caracteriza por su compasión (*karuna*), basada en un conocimiento intuitivo profundo (*prajñá*) de la vacuidad (*shunyatá*) de los fenómenos. (*N. del T.*)

3. El *samadhi* es un estado de conciencia meditativa no dualista, un estar plenamente en la experiencia, en el que la mente descansa sin sujeto que perciba ni objeto percibido, es decir sin ese observador dualista o ego sutil que acompaña al meditante en las prácticas de atención. El «samadhi semejante al vajra» se refiere al momento en el que el bodhisattva logra la realización, se desprende totalmente del último vestigio de ego o dualidad y se convierte en un buda. *Vajra* significa diamante y simboliza la indestructibilidad y la realidad verdadera. (*N. del T.*)

4. Llamada también «germen de la realización»; se refiere a la esencia verdadera, inmutable y eterna de todas las cosas. Todo ser es un buda en potencia y tiene, por ende, la capacidad de lograr la realización. (*N. del T.*)

5. Las seis paramitas son las seis prácticas trascendentes del bodhisattva, llamadas a veces virtudes o perfecciones. Son trascendentes porque trascienden el ego. Éstas son la generosidad (*dana*), la disciplina (*shila*), la paciencia (*kshanti*), el esfuerzo (*virya*), la meditación sobre la ilusión de un ego individual separado del resto de los seres (*dhyana*) y el conocimiento que penetra la realidad última de los fenómenos hasta llegar a la vacuidad (*prajñá*). (*N. del T.*)

Padmasambhava de joven bhikshu

3. LA INOCENCIA PRIMORDIAL

El descubrimiento del camino y de la actitud adecuada con respecto a él cumplen un cierto papel en el plano espiritual, puesto que el camino nos ofrece la posibilidad de establecer un nexo con nuestro ser fundamental, nuestro ser primordial e inocente.

Les damos tanta importancia al dolor y a la confusión, que nos hemos olvidado de la inocencia esencial. Lo que hacemos en general es buscar en la espiritualidad una vivencia que nos permita redescubrirnos como adultos en lugar de recuperar nuestra inocencia infantil. Dejándonos llevar por un engaño, buscamos algo que nos permita ser absolutamente adultos y respetables, por decirlo así, o psicológicamente estables.

Esto parece corresponder a la idea que, en el fondo, tenemos de la realización. Se supone que una persona realizada se debe comportar más o menos como un anciano sabio; no exactamente como un viejo profesor, pero sí como un padre ya entrado en años, capaz de dar consejos juiciosos sobre la manera de enfrentar todos los problemas de la vida, o como una abuelita muy anciana, que conoce todas las recetas y todos los remedios. Tal parece ser la fantasía que existe actualmente en nuestra cultura con respecto a las personas realizadas; son personas de edad, sabias, adultas y estables.

El tantra presenta otra imagen de la realización, vinculada con la juventud y la inocencia. Esto es lo que observamos en la vida de Padmasambhava, en la que el estado despierto no se califica de viejo y adulto, sino de joven y libre. En este caso, la juventud y la libertad están asociadas al nacimiento del estado despierto. El estado despierto se asemeja a una madrugada, a un amanecer; es algo fresco, vivaz y totalmente despierto. Esta cualidad corresponde al nacimiento de Padmasambhava.

Cuando nos identificamos con el camino y con la actitud adecuada con respecto a él, descubrimos de repente que encierra algo muy hermoso. Posee un frescor diametralmente opuesto a la monotonía de un programa compuesto de diferentes prácticas. Siempre hay nuevos descubrimientos. Estos descubrimientos nuevos corresponden al nacimiento de Padmasambhava.

Padmasambhava nació en una flor de loto, en un lago en Uddiyana. Tenía el aspecto de un niño de ocho años. Era curioso, despabilado, juvenil y nada lo había tocado jamás. Como nada lo había tocado, no tenía miedo de tocar nada. Estaba rodeado de *dakinis*[1] que tocaban música y le hacían ofrendas. Hasta el ganado y los animales salvajes habían venido a rendirle pleitesía y rodeaban las aguas frescas y puras del lago Dhanakosha en Uddiyana, en los contrafuertes del Himalaya en Afganistán. Allí se respiraba un aire vivificante de montaña y el paisaje se parecía al de Cachemira, con sierras nevadas en torno al lago. Reinaba una atmósfera de frescor, junto con la sensación de algo indómito.

Que un niño nazca en un lugar tan agreste y aislado, en medio de un lago, en una flor de loto, es algo que supera todo entendimiento conceptual. En primer lugar, no es posible que un niño nazca de un loto. Además, un niño no puede nacer en una región montañosa, tan inculta e inhóspita, y menos aún un niño tan saludable. Es imposible que ocurra tal cosa. Sin embargo, también es cierto que ocurren cosas imposibles, cosas que ni siquiera caben en nuestra imaginación. De hecho, esas cosas imposibles se producen antes de que comience a actuar nuestra imaginación, así que podemos decir con toda razón que son inimaginables, que son «alucinantes» o «fantásticas»[2].

Padmasambhava nació en un loto en aquel lago. Al nacer, ya era un príncipe, joven y bello, pero también muy listo, aterradoramente listo. Sus ojos vivos lo observan a uno. No tiene miedo de tocar nada. A veces uno llega a sentirse incómodo ante este niño de ocho años, tan bueno y tan hermoso.

El estado despierto tiene la misma probabilidad de ser infantil que de ser adulto, de acuerdo a nuestro concepto de lo que es ser adulto. La vida nos golpea y nos confunde; sin embargo, hay gente que logra cruzar a nado el río turbulento de la vida y encuentra la respuesta, que se esfuerza enormemente hasta alcanzar la serenidad. Eso es lo que solemos entender por estado despierto, pero no es el caso de Padmasambhava. De partida, le falta experiencia; la vida no lo ha maltratado en absoluto. Simplemente, nació en un loto en medio de un lago en algún lugar de Afganistán. Es un mensaje emocionante, extraordinariamente emocionante: somos capaces a la vez de lograr la realización y de ser como un niño. Es una idea que concuerda con las cosas tal cual son: si estamos despiertos, no somos más que una criatura. En el primer instante de la experiencia somos una simple criatura. Somos inocentes, porque hemos regresado al estado original de nuestro ser.

Padmasambhava fue invitado a la corte del rey Indrabhuti. El rey le había pedido a sus jardineros que recogieran flores frescas —lotos y flores silvestres— en los alrededores del lago. ¡Cuál no sería la sorpresa de uno de los jardineros cuando descubrió a un niño sentado muy contento... dentro de un loto gigantesco! Espantado por semejante portento, no se atrevió a tocar al niño. Le llevó la noticia al rey, que le ordenó traer al niño y la flor. Padmasambhava fue entronizado y coronado príncipe de Uddiyana y recibió el nombre de Padma Raja —Pema Gyalpo en tibetano—, «rey del loto».

Tenemos la capacidad de descubrir nuestra inocencia y belleza infantiles, ese aspecto principesco que existe en nosotros. Después de descubrir toda nuestra confusión y nuestras neurosis, comenzamos a darnos cuenta de que son inofensivas e impotentes. Luego, poco a poco, vamos descubriendo nuestra inocencia infantil. Obviamente, esto no se parece en nada a la idea del «grito primordial»[3] y otras cosas por el estilo, ni tampoco significa que debamos *reducirnos* al estado infantil. Se trata más bien de descubrir ese *algo* de niño que llevamos dentro. Nos convertirnos en seres espontáneos, curiosos y vivaces; queremos conocer mejor el mundo y la vida. Nos hemos despojado de golpe de todos nuestros prejuicios. Empezamos a realizarnos; es como un segundo nacimiento. Descubrimos nuestra inocencia, lo que hay de primordial en nosotros, nuestra eterna juventud.

Esta primera revelación nos muestra nuestra naturaleza infantil, pero nos sigue preocupando un poco saber cómo enfrentar la vida, a pesar de que ésta ya no nos aterroriza. Tenemos la sensación de estirar el brazo y empezar a explorar por primera vez todas las regiones desconocidas. Nuestra experiencia de la dualidad, lo que creíamos saber y las ideas preconcebidas, todo se ha vuelto falso, se ha desmoronado. Ahora, por primera vez, reconocemos la dimensión real del camino. Abandonamos nuestro recelo egótico o por lo menos tomamos conciencia de su existencia.

Cuanto más conscientes estemos de la existencia del ego y de sus neurosis, más nos acercaremos a ese estado infantil en el que no sabemos cómo dar el siguiente paso en la vida. La gente suele preguntar: «supongamos que me ponga a meditar, pero luego ¿qué hago? Si logro una cierta serenidad, ¿qué haré ante mis enemigos y mis superiores?». Hacemos preguntas que son realmente muy infantiles: «si sucede tal o cual cosa en el camino, ¿qué sucederá después?» Es muy inocente, muy infantil; es un descubrimiento de la percepción a partir de cero, un redescubrimiento de las cosas tal cual son.

De modo que Padmasambhava vivió en el palacio, rodeado de gente que lo cuidaba y lo entretenía. Llegó un momento en que se le pidió que se casara. Debido a su inocencia, tenía muchas dudas, pero al final se decidió a hacerlo. El joven príncipe fue creciendo, exploró la sexualidad y el matrimonio y estableció una relación con su esposa. Con el correr del tiempo fue comprendiendo que el mundo que lo rodeaba ya no era tan delicado, por lo menos no tan delicado como los pétalos de un loto. El mundo era apasionante y juguetón. Era como si le hubieran regalado, por primera vez, un juguete de verdad que podía tirar al suelo, desatornillarlo, desarmarlo y luego volverlo a montar.

Esta es una historia muy conmovedora de un viaje que nos lleva cada vez más lejos. Partiendo de la inocencia primordial del dharmakaya, el estado embrionario de la naturaleza búdica, se hace imprescindible salir, dar un paso hacia fuera. Se hace necesario comunicar con el aspecto lúdico del mundo tal cual es, a nivel del sambhogakaya y del nirmanakaya.

En su niñez, Padmasambhava representa ese estado infantil, de plenitud, en el que no existe la dualidad, no hay ni «esto» ni «aquello». Es un estado que lo impregna todo. Va acompañado de una sensación de frescor, pues es un estado total, ilimitado, sin puntos de referencia. Y como no hay puntos de referencia, tampoco hay nada que contamine nuestras ideas y conceptos. Es una sola cosa, absoluta y perfecta en sí.

Esto fue al principio. Después, al casarse, Padmasambhava se volvió más juguetón. Empezó incluso a experimentar con su agresión y descubrió que su fuerza le permitía arrojar objetos y romperlos. Llevó esta situación a su máxima expresión, pues sabía que tenía el potencial de la loca sabiduría. En la azotea del palacio ejecutó una danza empuñando dos cetros, un *vajra*[4] y un tridente. Mientras giraba los soltó, y al caer alcanzaron a una madre y a su hijo que pasaban delante del palacio, matando a ambos al mismo tiempo. El vajra se estrelló en la cabeza del niño y el tridente se clavó en el corazón de la madre. Qué juguetón, ¿no? Mucho me temo que esta historia no sea de lo más ejemplar...

Este episodio tuvo graves consecuencias. Los ministros decidieron valerse de su influencia sobre el rey para convencerlo de que expulsara a Padmasambhava, que lo desterrara del reino. Padmasambhava cometió su crimen en un afán desenfrenado por explorar el mundo, actitud que corresponde al plano del sambhogakaya y que consiste en vivenciar las cosas junto con sus sutilezas y también en explorar el nacimiento y la muerte. De modo que el rey desterró a Padmasambhava. Lo hizo muy a su pesar, pero el juego del mundo fenoménico debía respetar la legalidad. El mundo fenoménico, en el fondo, es sumamente legalista; el juego de los fenómenos siempre se rige por las leyes de causa y efecto.

Esto no significa que Padmasambhava estuviese sujeto al karma. Significa más bien que su interés era conocer la legalidad del karma, las interacciones kármicas con el mundo externo, el mundo de la confusión. Fue precisamente el mundo de la confusión lo que hizo de él un maestro; él no dijo: «soy un maestro» o «soy el redentor del mundo». Jamás hizo tales aseveraciones. El mundo le fue moldeando y convirtiéndole en un maestro o redentor. Y una de las expresiones de la influencia del mundo sobre él —expresión que hizo posible la continuación del proceso— fue aquel acto truculento, que se tradujo en su expulsión del reino de Indrabhuti y que lo llevó al campo crematorio de Silwa Tsal[5] o «bosquecillo fresco» que, según dicen, se encuentra cerca de Bodhgaya en el este de la India.

El carácter infantil y exploratorio que se desarrolla en nosotros cuando empezamos a recorrer el camino espiritual nos exige trabajar tanto con los peligros como los placeres de todo tipo. Lo infantil tiende naturalmente a extenderse hacia el mundo externo, puesto que ya hemos comprendido que el estado de realización instantánea y repentina no es el fin, sino el comienzo del viaje. De pronto se produce un estar despierto y luego nos convertimos en niños; a partir de ahí exploramos cómo trabajar con los fenómenos, cómo bailar con ellos, y relacionarnos al mismo tiempo con personas que están sumidas en la confusión. El trabajo con los seres confusos hace que adoptemos automáticamente ciertas actitudes, según el tipo de enseñanzas que estos seres necesiten y según el tipo de situaciones que sea preciso crear para establecer un nexo con ellos.

PREGUNTA: ¿Podría hablar un poco más del principio del dharmakaya y la idea de totalidad, y también del sambhogakaya y el nirmanakaya?

TRUNGPA RÍNPOCHE: El dharmakaya parece ser un principio omnirreceptivo. Puede acoger todos los extremos, pero el que los extremos estén o no presentes no tiene en realidad ninguna importancia. Es una totalidad que ofrece un espacio inmenso para moverse. El principio del sambhogakaya es la energía de esa totalidad, que la hace aún más evidente. El aspecto total del dharmakaya es como el océano, mientras que el aspecto sambhogakaya es como las olas que proclaman la existencia del océano. El aspecto nirmanakaya es como un buque en el océano; gracias a él, toda la situación se vuelva operativa y manejable, y uno puede navegar por el océano.

PREGUNTA: ¿Qué relación tiene eso con la confusión?

TRUNGPA RÍNPOCHE: La confusion es la otra cara de la moneda. La capacidad de comprensión suele tener sus propios límites inherentes. Por eso la confusión está siempre presente mientras uno no haya llegado al nivel absoluto, en el que la compresión ya no necesite de su ayuda, puesto que toda la situación ha sido comprendida.

PREGUNTA: ¿Cómo se aplica todo eso a la vida cotidiana?

TRUNGPA RÍNPOCHE: Bueno, en la vida cotidiana

ocurre exactamente lo mismo. Cuando uno trabaja con la totalidad tiene el espacio fundamental que necesita para trabajar con la vida, pero también tiene energía y pragmatismo. Dicho de otro modo, no estamos limitados a una sola cosa. Gran parte de la frustración que sentimos en la vida proviene de la impresión de que nos faltan medios adecuados para transformar nuestra situación vital e improvisar con ella. Pero esos tres principios —el dharmakaya, el sambhogakaya y el nirmanakaya— nos ofrecen inmensas posibilidades de improvisación. Tenemos infinitos recursos a nuestra disposición.

PREGUNTA: ¿Qué significa la relación de Padmasambhava con el rey Indrabhuti? ¿Qué representa en su desarrollo a partir de la inocencia primordial?

TRUNGPA RÍNPOCHE: El rey Indrabhuti fue su primer interlocutor, el primer representante del samsara. El que Indrabhuti lo llevase a su palacio fue el punto de partida para que Padmasambhava aprendiera a trabajar con sus discípulos, los seres confusos. Indrabhuti era una imagen paterna fuerte que representaba la mente confusa.

PREGUNTA: ¿Quiénes eran la madre y el niño que Padmasambhava mató?

TRUNGPA RÍNPOCHE: Existen diversas interpretaciones de ese episodio en los textos sagrados y en los comentarios sobre la vida de Padmasambhava. Como el vajra representa los *medios hábiles*, el niño muerto por el vajra encarnaría lo contrario de los medios hábiles, que es la agresión. El tridente está asociado a la sabiduría; por lo tanto, la madre derribada por él representaría el desconocimiento. Existen también otras justificaciones que se basan en el karma de vidas anteriores; según ellas, el hijo habría sido tal o cual persona antes y habría cometido ciertas acciones kármicas negativas, y esto se aplicaría también a la madre. Pero no me parece necesario entrar en esos detalles, porque sería un tanto complicado. Esa etapa de la vida de Padmasambhava se da en una dimensión totalmente diferente, la dimensión del mundo psicológico. Solamente baja al nivel pragmático, por decirlo así, cuando llega al Tíbet y empieza a vincularse con tibetanos. Antes de eso, todo transcurre más que nada en el plano de la mente.

PREGUNTA: ¿Existe alguna analogía entre esas dos muertes y la espada de Mañjushri⁶· que corta la raíz del desconocimiento? ¿O hay tal vez algún paralelismo con las enseñanzas que dio del Buda sobre el *shunyatá* o vacuidad, a raíz de las cuales algunos de sus discípulos murieron de infarto?

TRUNGPA RÍNPOCHE: No creo. La espada de Mañjushri se aplica sobre todo a la práctica, al camino, mientras que la historia de Padmasambhava se relaciona con la meta. Una vez que uno ha tenido un chispazo súbito de realización, ¿cómo debe comportarse de ahí en adelante? La historia de Mañjushri y la historia del *Sutra del Corazón*, así como todos los otros episodios relacionados con las enseñanzas de los sutras, corresponden a los niveles del hinayana y del mahayana⁷· y están destinados al buscador que avanza a lo largo del camino. Aquí, en cambio, observamos la situación desde arriba, con la idea de bajar desde la cumbre; cuando uno logra la realización, ¿cómo hace para enfrentar las nuevas situaciones que se van presentando? La historia de Padmasambhava es un manual para budas, y cada uno de nosotros es un buda.

PREGUNTA: ¿Padmasambhava estaba experimentando con la motivación?

TRUNGPA RÍNPOCHE: En la esfera del dharmakaya es muy difícil determinar qué es y qué no es motivación, puesto que no hay absolutamente nada.

PREGUNTA: Quisiera que hablara un poco más de esas dos metáforas opuestas: la de ir minando desde dentro y la de ir quitando capas desde fuera. Si he entendido correctamente, el ir sacando capas corresponde al camino del bodhisattva, mientras que en el camino tántrico uno va minando desde adentro, pero en realidad no entiendo bien esas metáforas.

TRUNGPA RÍNPOCHE: La idea esencial es que el tantra es contagioso. Pone en juego un elemento potentísimo, la naturaleza búdica, que se va abriendo paso desde dentro en lugar de ser puesta al descubierto desde fuera, al ir retirando capa tras capa. En la vida de Padmasambhava consideramos la *meta* como camino y no el camino como camino. Es una perspectiva totalmente diferente; no es el punto de vista de los seres sintientes que intentan lograr la realización, sino el de una persona realizada que intenta comunicarse con ellos. Es por eso por lo que el enfoque tántrico consiste en abrirse paso desde adentro hacia afuera. Los problemas que tuvo Padmasambhava con su padre, el rey Indrabhuti, como también las muertes del niño y de su madre, son todos hechos relacionados con los seres sintientes. Estamos contando la historia desde dentro, en vez de estar viendo un noticiario filmado por otra persona desde fuera.

PREGUNTA: ¿Cómo se produce este proceso de abrirse paso desde dentro?

TRUNGPA RÍNPOCHE: Al manejar con destreza las situaciones que ya han sido creadas para nosotros. Lo que hacemos es simplemente salir y entregarnos a ellas. Es un rompecabezas que tiene vida propia y se ha armado solo.

PREGUNTA: ¿Es el aspecto del dharmakaya el que disipa la esperanza y el miedo?

TRUNGPA RÍNPOCHE: Sí, así parece ser en principio. La esperanza y el miedo están en todas partes, como en una casa llena de fantasmas. Pero el dharmakaya elimina todas estas apariciones.

PREGUNTA: ¿Lo que quiere decir es que la vida de Padmasambhava —desde su nacimiento en el loto hasta su última manifestación como Dorje Trolö, pasando por la destrucción, capa por capa, de las expectativas de sus discípulos—

sería una lenta progresión desde el dharmakaya hasta el nirmanakaya?

TRUNGPA RÍNPOCHE: Sí, eso es lo que he pretendido dar a entender. Por el momento, Padmasambhava ha emergido del dharmakaya y ha llegado apenas al borde del sambhogakaya. El sambhogakaya es el principio de la energía, de la danza, mientras que el dharmakaya es todo el trasfondo.

P.: ¿La esperanza y el miedo tienen que desvanecerse antes de que...

T.R.: ...antes de que pueda producirse la danza. Así es, exactamente.

PREGUNTA: La energía del sambhogakaya, ¿es la energía que incluye el deseo y la rabia?

TRUNGPA RÍNPOCHE: Al parecer, el nivel del sambhogakaya no es eso. Es el aspecto positivo que permanece tras el proceso de desenmascarar. En otras palabras, uno llega a la ausencia de agresión y esa ausencia se transforma en energía.

P.: Así que cuando las distorsiones se transforman en sabiduría...

T.R.: Se transmutan. E incluso es más que una transmutación. No sé qué palabra podría usar. La cosa es que uno establece una relación tan plena con las distorsiones que su función ya está de más, y entonces su no funcionamiento pasa a ser útil. La energía del sambhogakaya es distinta.

PREGUNTA: Me da la impresión de que todo esto es una especie de broma cósmica. Lo que usted dice es que hay que dar el primer paso, pero que no se puede dar hasta que no se haya dado el primer paso.

TRUNGPA RÍNPOCHE: Sí, es necesario que a uno lo empujen para que lo dé. Es ahí donde entra en juego la relación entre maestro y discípulo. Alguien tiene que empujarlo a uno. Es el nivel más primitivo, el comienzo.

P.: ¿Usted nos está empujando?

T.R.: Yo diría que sí.

Notas

1. Divinidades femeninas, juguetonas y astutas, que vuelan por los aires y estimulan al practicante avanzado en su camino hacia la realización. (*N. del T.*)

2. Las expresiones usadas en inglés, *out of sight* y *far out*, son una alusión al lenguaje de los hippies. La primera expresión significa literalmente «fuera de vista» y la segunda se refiere a algo que está totalmente «fuera de alcance». La mentalidad hippie se basaba en la cultura psicodélica de las drogas, que valoraba todo lo que llevara a la mente más allá de los límites de lo convencional; por lo tanto, el máximo elogio que se podía hacer de algo era calificarlo de irreal, increíble, etc. Como muchos de los estudiantes de Trungpa Rínpoche en aquella época eran antiguos hippies, estas dos expresiones se emplean en este caso con cierta ironía. (*N. del T.*)

3. *Primal scream* en inglés. Forma de terapia en que se intenta retrotraer la vivencia al nivel instintivo para desahogar en forma de grito los traumas y bloqueos. Era una de las técnicas de la «nueva era» que estaba de moda en aquella época. (*N. del T.*)

4. Cetro ritual usado en las prácticas del tantra budista. Representa la vacuidad de todos los fenómenos, incluso de la mente que los percibe. Simboliza también la realización indestructible y los «medios hábiles» (*upaya*) que emplea un ser realizado para actuar en el mundo, es decir su habilidad para relacionarse con los seres confusos y enseñar. (*N. del T.*)

5. Éste es el nombre tibetano del lugar, no el sánscrito. (*N. del T.*)

6. Nombre de un bodhisattva o ser realizado, que en la iconografía aparece empuñando la espada de la sabiduría que corta el ego. En las transcripciones de palabras sánscritas y tibetanas, la «j» suena como en inglés. (*N. del T.*)

7. El hinayana o «camino estrecho» es la primera etapa del camino, el trabajo consigo mismo, y el mahayana o «camino ancho» la segunda, es el trabajo con los demás. Es necesario progresar en es-

tas disciplinas antes de embarcarse en el *vajrayana* o «camino indestructible», culminación de los dos yanas anteriores, personificado aquí por Padmasambhava. (*N. del T.*)

Vajradhara

4. LA ETERNIDAD Y EL CAMPO CREMATORIO

Quisiera estar seguro de que los temas que hemos analizado han quedado claros. El nacimiento de Padmasambhava se puede comparar a una experiencia súbita del estado despierto. Este nacimiento no se puede producir si no hay una vivencia del estado despierto que nos muestre nuestra inocencia, nuestrso aspecto infantil. Y la relación de Padmasambhava con el rey Indrabhuti de Uddiyana está asociada a la necesidad de seguir avanzando después de haber tenido el primer vislumbre del estado despierto. Tal parece ser por el momento la enseñanza o mensaje de la vida de Padmasambhava.

Pasemos ahora al próximo aspecto de Padmasambhava. Después de haber experimentado el estado despierto y de haber conocido la sexualidad y la agresión y todos los placeres que ofrece el mundo, aún no le queda del todo claro cómo vincularse con estos procesos mundanos. La incertidumbre de Padmasambhava no es confusión, sino incertidumbre acerca de cómo enseñar, de cómo crear un nexo con quienes lo escuchan. Los mismos discípulos están aprensivos porque, entre otras cosas, hasta entonces nunca habían tenido que tratar con un ser realizado. Trabajar con una persona realizada es algo extremadamente sutil y placentero, pero al mismo tiempo puede resultar bastante destructor. El que se equivoca puede recibir una bofetada o ser destruido. Es como jugar con fuego.

Padmasambhava sigue tratando de comunicarse con la mente samsárica[1]. Lo expulsan del palacio y sigue haciendo nuevos descubrimientos. Lo que descubre ahora es la eternidad. En este caso, eternidad se refiere a que el estado despierto se mantiene sin fluctuaciones y sin que haya que tomar decisión alguna. A partir de entonces, y en relación al segundo aspecto, este «no tomar decisiones» en el trato de Padmasambhava con los seres sintientes pasa a un primer plano.

El segundo aspecto de Padmasambhava se llama *Vajradhara*. *Vajradhara* es un principio o un estado psicológico que se caracteriza por la ausencia de miedo. El miedo a la muerte, el miedo al dolor y a la desgracia: todos esos miedos han sido trascendidos. Pero la eternidad de la vida va aún más lejos. No depende de las diversas situaciones vitales, ni de nuestros intentos de mejorarlas, ni de que vivamos o no muchos años. No depende de nada de eso.

Estamos hablando de una noción de eternidad que también se podría aplicar a nuestras vidas. Esta eternidad no se parece en nada a la idea espiritual de eternidad que tiene la mayoría de la gente. Según el concepto convencional, una vez que uno logra una superioridad sobre los demás en el plano espiritual, está libre del nacimiento y de la muerte. Vivirá eternamente y podrá observar el juego del mundo y ejercer su poder sobre todo lo existente. Es la imagen del superhombre indestructible, del buen samaritano que salva a todo el mundo, con su traje de Supermán. Este concepto general de eternidad y de espiritualidad es una deformación, tiene algo de historieta. El superhombre espiritual tiene poder sobre los demás y por eso alcanza la longevidad, que es una extensión de esa clase de poder. Por supuesto, también ayuda a los demás.

Bajo la forma de Vajradhara, la experiencia que tiene Padmasambhava de la eternidad —o de su existencia como eternidad— es totalmente diferente. Tiene una sensación de continuidad, porque ha trascendido el temor al nacimiento, la muerte, la enfermedad y el dolor de todo tipo. Siente constantemente, de manera viva y eléctrica, que no es realmente él quien está vivo y existe, sino el mundo; por lo tanto, él es el mundo y el mundo es él. Ejerce poder sobre el mundo precisamente porque *no* tiene poder alguno sobre él. A estas alturas se niega rotundamente a adoptar cualquier actitud de «persona poderosa».

Vajradhara es una voz sánscrita. *Vajra* significa «indestructible» y *dhara* «poseedor». Por lo tanto, Padmasambhava alcanza la eternidad como «poseedor de la indestructibilidad» o «poseedor de la inmovilidad». Alcanza este estado porque nació absolutamente puro e inocente, tan puro e inocente que no temía explorar el mundo del nacimiento y la muerte, de la pasión y la agresión. Aquélla fue su preparación para la existencia, pero su exploración prosiguió más allá. La mente samsárica o confusa tiende a percibir el nacimiento y la muerte, junto con otras amenazas, como aspectos contundentes de un mundo sólido. En cambio, Padmasambhava no percibe el mundo como algo amenazante, sino como su hogar. Así logró el estado primordial de eternidad, que no tiene nada que ver con el estado de perpetuación del ego. El ego necesita mantenerse continuamente, busca sin cesar nuevas circunstancias que le den seguridad. En este caso, sin embargo, al trascender el materialismo espiritual, Padmasambhava alcanzó un estado permanente y constante cuya inspiración proviene de la existencia de otros seres que están sumidos en la confusión.

El joven príncipe, después de ser expulsado del palacio, caminó sin rumbo fijo hasta llegar a un campo crematorio. Era un lugar donde yacían esqueletos con cabelleras al viento; se escuchaban chillidos de buitres y chacales que merodeaban por el lugar, y el aire estaba impregnado del olor de cadáveres en descomposición. Por extraño que parezca, este joven y distinguido príncipe se sintió muy a gusto en aquel lugar. No sintió miedo, y aquella falta de miedo se transformó en receptividad mientras vagaba por el campo crematorio de Silwa Tsal, en la selva cerca de Bodhgaya. Vio árboles de aspecto aterrador, rocas con formas pavorosas y un templo en ruinas. En aquel lugar reinaba una sensación de muerte y desolación. Padmasambhava había sido abandonado, lo habían echado a patadas de su reino, pero sin embargo siguió paseando y jugando como si nada. En realidad, aquel lugar le parecía un palacio, a pesar de lo aterrador del espectáculo. Al observar la impermanencia de la vida, descubrió la eternidad de la vida, la constante y cambiante sucesión de la muerte y el nacimiento.

Una hambruna arrasaba la comarca y las gentes morían como moscas. De vez en cuando venía un aldeano a abandonar a algún familiar moribundo en el campo crematorio, porque la gente ya no soportaba tanta muerte y enfermedad. Allí pululaban moscas, gusanos, larvas y culebras. Padmasambhava, el joven príncipe que acababa de ser expulsado de un palacio adornado de joyas, hizo de aquel sitio su hogar. Como no vio diferencia alguna entre aquel campo crematorio y un palacio, se dedicó a gozar de sus encantos.

Nuestro mundo civilizado está tan ordenado que jamás vemos lugares como este campo crematorio; los cuerpos se meten en ataúdes y se entierran muy decentemente. Pero no por eso dejan de manifestarse en cada instante de nuestra existencia los grandes campos crematorios que son el nacimiento, la muerte y el caos. En nuestras vidas nos topamos continuamente con situaciones similares al campo crematorio. Estamos rodeados de moribundos y esqueletos por todas partes. Sin embargo, si nos identificamos con Padmasambhava, podemos encarar todo esto sin miedo. El caos podría ser nuestra fuente de inspiración, hasta convertirse, de cierta manera, en orden. Se transformaría en un caos ordenado y dejaría de ser un caos confuso, porque tendríamos la capacidad de relacionarnos con el mundo tal cual es.

Padmasambhava partió en busca de la cueva más cercana, se instaló ahí y meditó sobre el principio de la eternidad de la naturaleza búdica: la naturaleza búdica existe eternamente y nada la amenaza. La comprensión de este principio es una de las cinco etapas que debe recorrer un *vidyádhara*. Corresponde a la primera, llamada «vidyádhara de la eternidad».

Vidyádhara significa «poseedor del conocimiento científico» o «persona que ha logrado plenamente la loca sabiduría». De modo que la primera etapa de la loca sabiduría es la sabiduría de la eternidad. Nada lo amenaza a uno, todo es un ornamento. Cuanto mayor sea el caos, más se transformarán las situaciones en ornamentos. Es el estado de Vajradhara.

Nos podríamos preguntar en qué momento un príncipe joven e inocente adquirió la preparación necesaria para enfrentarse a las situaciones que encontró en el campo crematorio. Pero si nos hacemos esa pregunta es porque normalmente suponemos que es indispensable cierto aprendizaje para manejarnos y que debemos recurrir a algún sistema de educación. Es necesario haber leído libros que nos expliquen cómo vivir en un campo crematorio y haber recibido instrucciones sobre lo que conviene comer y lo que conviene evitar en un lugar así. Pero Padmasambhava no precisó de formación alguna, pues era un ser realizado desde el momento en que nació. Estaba emergiendo del dharmakaya al sambhogakaya, y un destello repentino de realización no requiere formación. No necesita un sistema de educación; es la naturaleza innata, que no depende de ninguna preparación.

En realidad, la idea de que uno necesita un aprendizaje para hacer frente al mundo es muy debilitante, pues nos hace sentir que no poseemos el potencial necesario dentro de nosotros y que, por ende, debemos esforzarnos por ser mejores de lo que somos y tratar de competir con héroes o maestros.

Esto nos lleva a tratar de imitar a los maestros y héroes, con la esperanza de que algún día se produzca un vuelco psicológico brusco que nos permita ser uno de ellos. Aunque en realidad no lo somos, creemos poder llegar a serlo puramente por medio de la imitación, engañándonos constantemente y aparentando ser lo que no somos. Pero cuando se produce ese chispazo repentino de realización, la hipocresía desaparece. Ya no tenemos que aparentar ser algo: *somos* algo. De todas maneras, hay ciertas propensiones que ya existen en nosotros y lo único que debemos hacer es dejar que se manifiesten.

Con todo, si imaginamos a Padmasambhava meditando en una cueva, rodeado de cadáveres y de animales aterradores, su descubrimiento puede parecer un tanto sombrío y espeluznante desde nuestro punto de vista. Sin embargo, de una manera u otra tendremos que enfrentarnos a algo similar en las situaciones de nuestra vida. No podemos hacer trampas con nuestras vivencias; no es posible ser tramposos con ellas ni modificarlas pensando, de manera muy poco realista, que las cosas van a salir bien, que al fin y al cabo todo va a resultar estupendamente. Si adoptamos esa actitud, *nada* saldrá bien. Precisamente por suponer que todo saldrá bien y que andará maravillosamente, sucederá lo contrario.

El tener tales expectativas significa que uno está enfocando el asunto de manera totalmente equivocada: la belleza se opone a la fealdad y el placer al sufrimiento. En el mundo de los opuestos no se puede lograr nada.

Podremos decir: «he estado practicando; he estado persiguiendo la realización, el nirvana, pero siempre ha habido algo que me ha hecho retroceder. Al principio, estas prácticas me resultaban de lo más entretenidas, me daban la impresión de estar avanzando. Tenía una sensación muy hermosa de felicidad y creía que podía superarla e ir más lejos aún. Pero luego no pasó nada. La práctica se volvió monótona y empecé a buscar otras soluciones, algo diferente. Pero al mismo tiempo me dije: "estoy siendo infiel a las prácticas que me han enseñado. No debería buscar otras. No debería buscar en otras partes. Debo tener fe, mantenerme firme. Bien pues, hagámoslo." Y ahora me aguanto, pero la cosa sigue siendo incómoda y tediosa. Me resulta incluso molesta y dolorosa».

Seguimos diciéndonos cosas por el estilo. Nos empezamos a repetir. Inventamos algo y nos obligamos a creer en eso. Nos decimos: «ahora debo tener fe. Si tuviera fe, si creyera, encontraría la salvación». Nos esforzamos por crear una fe prefabricada, que nos da un entusiasmo pasajero. Pero siempre volvemos a caer en lo mismo, una y otra vez, y no sacamos nada en limpio. Esta actitud ante la espiritualidad conlleva siempre este tipo de problemas.

En cambio, la actitud de Padmasambhava con respecto a la espiritualidad no persigue el placer, la inspiración ni la felicidad. Todo lo contrario: uno se sumerge en los sinsabores de la vida, se zambulle en ellos y allí construye su hogar. Si pudiéramos hacer un hogar de estas irritaciones, éstas se transformarían en una fuente de gran alegría, de alegría trascendente o *mahasukha*, porque el dolor ya no juega ningún papel. Este tipo de alegría ya no se relaciona en absoluto con el dolor, ni siquiera por contraste. Todo se vuelve claro, nítido e inteligible; se convierte en algo con lo que podemos relacionarnos.

Esta nueva adaptación de Padmasambhava al mundo mediante la actitud de eternidad —la primera de las cuatro etapas de un vidyádhara— desempeña un papel importante en el estudio de sus otros aspectos. Es un tema que no pierde vigencia.

PREGUNTA: El hecho de que Padmasambhava hiciera del campo crematorio un hogar, ¿no se podría considerar una forma de masoquismo?

TRUNGPA RÍNPOCHE: En primer lugar, aquí no entra

Loca sabiduría

en absoluto la noción de agresión. No está tratando de demostrar nada a nadie. Está ahí y punto, relacionándose con las cosas tal cual son. En el caso del masoquismo se necesita alguien a quien echar la culpa, alguien que responda al dolor que uno siente: «si me suicido, mis padres sabrán cuánto los odio». Aquí no hay nada de eso. Es un mundo inexistente, pero Padmasambhava sigue ahí, existiendo junto a él.

PREGUNTA: No entiendo el hecho de que Padmasambhava naciera de un loto. Es algo que queda fuera de las posibilidades humanas, como el que Cristo naciera de una virgen. ¿No equivale a hacer de Padmasambhava un ideal que está fuera de nuestro alcance, no nos obliga a considerarlo como alguien que está más allá de la condición humana?

TRUNGPA RÍNPOCHE: En cierta forma, nacer de una mujer y nacer de un loto vienen a ser exactamente lo mismo. No hay nada tan sobrehumano en eso; es una expresión de los milagros que se producen realmente. Las personas que asisten a un nacimiento por primera vez también lo suelen considerar algo milagroso. De la misma manera, nacer de un loto es un milagro, pero eso no significa que sea particularmente divino o puro. Nacer de un loto es una expresión de apertura. No es necesario pasar por los nueve meses de gestación en el vientre materno. Es una situación libre y abierta: el loto se abre y ahí está el niño. Es muy simple. En cuanto al loto, no significa que debamos analizar, entre otras cosas, si es cierto que la madre de Cristo hubiera sido virgen. No podía existir más que aquel loto, en aquel lugar y en aquel preciso instante. Y luego el loto murió. Así que podríamos decir que fue un nacimiento libre.

PREGUNTA: Nacer de un loto puede también ser una negación de la historia kármica.

TRUNGPA RÍNPOCHE: Así es. En este caso no hay antecedentes kármicos. Simplemente sucedió que en algún lugar de Afganistán un loto dio a luz a un niño.

PREGUNTA: ¿Podría decirnos algo sobre la relación que

existe entre Vajradhara como aspecto de Padmasambhava y el buda del dharmakaya en el linaje kagyü[2], que también se llama Vajradhara?

TRUNGPA RÍNPOCHE: Como usted ha dicho, en el linaje kagyü Vajradhara es el nombre del buda primordial que existe eternamente en el plano del dharmakaya. El aspecto Vajradhara de Padmasambhava está más bien en el plano del sambhogakaya, que es la relación con las experiencias de la vida; por otra parte, en un plano secundario del dharmakaya, se relaciona con el hecho de que en todo lugar tenemos a nuestra disposición seres sintientes con quienes trabajar. Pero es esencialmente un principio propio del sambhogakaya. En ese sentido, los cinco aspectos del sambhogakaya, los cinco budas del sambhogakaya, son los ocho aspectos de Padmasambhava.

PREGUNTA: Usted habló de quedarse con la irritación, de saborearla incluso. ¿Eso quiere decir que el dolor se relaciona con la evitación y el repliegue, de modo que cuando uno se zambulle en el dolor, se le acerca, éste desaparece? ¿Es posible que eso conduzca de algún modo a la realización?

TRUNGPA RÍNPOCHE: Es un tema sumamente delicado. El problema es que un planteamiento así podría llevar a una especie de actitud sádica, que se encuentra con frecuencia en ciertas aproximaciones fanáticas a la práctica del zen[3]. También podría llevar a una actitud basada en la «inspiración», que consiste en someterse a las enseñanzas, haciendo caso omiso del dolor. Estas actitudes conducen a una absoluta confusión. Y el resultado es que uno se maltrata físicamente o no cuida adecuadamente su cuerpo.

En este caso, la relación que establecemos con el dolor no corresponde a la actitud sádica o a la conducta fanática, ni tampoco consiste en desentenderse del dolor y evadirse a través de fantasías mentales. Es algo que está a medio camino entre esas dos posibilidades. De partida, al dolor se lo considera como algo real, algo que de verdad está ocurriendo. No se considera como un asunto doctrinal o filosófico. Es simple dolor físico o malestar psicológico. Uno no se aleja del dolor, porque si lo hiciera no tendría recursos con qué trabajar. Pero tampoco busca el dolor ni se lo inflige adrede, porque de hacerlo se estaría entregando a un proceso suicida, se estaría destruyendo. Este planteamiento se encuentra en un punto intermedio.

PREGUNTA: ¿Qué relación existe entre el hecho de convertir las irritaciones en un hogar y el principio del mandala?

TRUNGPA RÍNPOCHE: Yo diría que eso, de por sí, es el mandala. Contactar con lo que nos irrita nos hace tomar conciencia de que hay irritaciones de todo tipo y que las posibilidades de nuevas irritaciones son infinitas. Eso *es* el mandala. Uno está precisamente ahí. El mandala es una sensación de existencia total, en cuyo centro está uno mismo. Así que uno está en el centro de la irritación. Es algo potentísimo.

PREGUNTA: Cuando usted definió la palabra *vidyádhara* habló de conocimiento científico. ¿Qué relación hay entre el conocimiento científico y la vida de Padmasambhava?

TRUNGPA RÍNPOCHE: Usé la expresión «conocimiento científico» para referirme al conocimiento más preciso que puede existir sobre la manera de reaccionar ante distintas situaciones. La esencia de la loca sabiduría consiste en no tener ya ni ideales ni estrategias. Uno está simplemente abierto. Uno reacciona a lo que hacen o dicen los discípulos, sea lo que fuere. Es un proceso científico continuo, en el sentido de estar en armonía con la naturaleza de los elementos.

Notas

1. Sinónimo de mente confusa. El *samsara* es el círculo vicioso de la confusión. (*N. del T.*)
2. Las diferentes escuelas y tradiciones del budismo se denominan

«linajes», por la importancia que se le da a la transmisión directa de maestro a discípulo, generación tras generación. Actualmente existen en el budismo tibetano cuatro linajes (y docenas de sublinajes) y el autor es representante de dos de ellos, los linajes *kagyü* y *ñingma*. (*N. del T.*)

3. Uno de los linajes del budismo japonés, que ha tenido gran auge en Occidente. (*N. del T.*)

Nyima Öser

5. DEJEMOS QUE JUEGUEN LOS FENÓMENOS

Quizá no tengamos tiempo para analizar los demás aspectos de Padmasambhava tan en detalle como los dos primeros. Pero lo que hemos visto nos ha dado la base para examinar el proceso global de la vida de Padmasambhava y su desarrollo personal. Lo que quisiera hacer ahora es transmitirles una imagen de Padmasambhava que abarque todos sus aspectos. Es muy difícil, porque las palabras son un medio limitado que no expresa cabalmente la comprensión íntima, pero haremos lo mejor que podamos.

No estamos hablando de Padmasambhava desde un punto de vista externo, ya sea histórico o mítico. Lo que queremos hacer es llegar al meollo del asunto, como quien dice, es decir al carácter instantáneo o embrionario de Padmasambhava, y también a la manera en que se relaciona con la vida desde esa dimensión. Es un estudio tántrico o sagrado de la vida de Padmasambhava, a diferencia de ciertos relatos e interpretaciones que lo consideran exclusivamente como una figura histórica o mítica, semejante al rey Arturo y a otros personajes por el estilo.

La historia interna se basa en la correspondencia que existe entre cada episodio de la vida de Padmasambhava y las enseñanzas. Éste es el punto de vista que he intentado adoptar en el relato de la vida de Padmasambhava como joven príncipe y como joven *siddha* —es decir yogui consumado— en el campo crematorio. Esos dos aspectos son importantísimos para entender el resto de la vida de Padmasambhava.

La siguiente etapa de la vida de Padmasambhava nace de su necesidad de ser aceptado en un monasterio. Era importante que recibiera la ordenación de *bhikshu* o monje y que se integrara en la vida monástica, pues ésta le proporcionaría una situación de disciplina. Padmasambhava fue ordenado por Ananda, discípulo y ayudante personal del Buda. Recibió el nombre monástico de Shakya Simha —Shakya Senge en tibetano—, que significa «León de la tribu de los shakyas». Era uno de los epítetos del Buda (llamado a veces «sabio de los shakyas») y al recibir ese nombre Padmasambhava se identificó con la tradición del Buda. Este hecho es de suma importancia, porque es necesario tener una relación muy fuerte con el linaje. De modo que Padmasambhava se unó al linaje y se dio cuenta del papel vital que éste desempeña.

El linaje del Buda es un linaje que se caracteriza por una cordura fundamental y constante, una manera sana de enfrentarse a la vida. Hacerse monje significa llevar una vida sana —sana y santa—, porque consiste en compenetrarse totalmente con las cosas tal cual son. Para un monje nada pasa inadvertido. El monje encara la vida consciente de que el momento presente le permite realmente experimentar algo vivo y percibir el sentido de totalidad, sin dejarse llevar por la pasión, la agresión ni por nada; sencillamente enfrenta las cosas como se lo permite la vida monacal, es decir tal cual son.

A medida que Padmasambhava iba aprendiendo su papel de monje, empezó nuevamente a manifestarse a la manera de un joven príncipe, en este caso un joven príncipe que se ha hecho monje. Decidió salvar al mundo a través del mensaje del dharma.

Un día fue de visita a un convento de monjas en donde vivía una princesa llamada Mandarava, que acababa de pronunciar sus votos y se había apartado de los placeres mundanales. Vivía recluida, atendida por quinientas azafatas, cuya tarea consistía en vigilar que no rompiera su disciplina monástica. Cuando Padmasambhava llegó al convento, todas quedaron —naturalmente— muy impresionadas con él. Tenía la inocencia de quien ha nacido de un loto y una apariencia física pura e ideal. Era hermosísimo. Convirtió a todas las mujeres en el convento, que se hicieron discípulas suyas.

Muy pronto llegaron rumores a oídos del rey, el padre de Mandarava. Un boyero le contó que había oído una voz de hombre muy singular, predicando y gritando dentro del convento. El rey suponía que Mandarava era una monja absolutamente casta y que no había tenido jamás ningún tipo de relación con los hombres. La noticia lo conturbó muchísimo, así que envió a sus ministros a averiguar qué estaba sucediendo. Los ministros no recibieron autorización para entrar en el recinto, pero sospecharon que algo raro ocurría. Le presentaron un informe al rey, que ordenó a su ejército que abriera por la fuerza el portón, allanara el convento y detuviera a aquel granuja que se hacía pasar por maestro. Así lo hicieron. Capturaron a Padmasambhava, lo colocaron en una pira de madera de sándalo y le prendieron fuego, porque así se ejecutaba a los delincuentes en aquel reino. A la princesa la arrojaron a una fosa llena de brea y espinos, e infestada de piojos y pulgas. Aquélla era la idea que tenía el rey de la religión.

La hoguera en que colocaron a Padmasambhava ardió sin interrupción durante siete días. Normalmente, cuando se ejecutaba a alguien el fuego se apagaba al cabo de uno o dos días, pero aquella hoguera ardía sin parar. Era muy insólito y el rey empezó a preguntarse si aquel hombre que vagaba sin rumbo y se hacía pasar por guru no era también fuera de lo común. Les ordenó a sus hombres que investigaran el asunto. Éstos descubrieron que el lugar donde se encontraba la hoguera se había convertido en un inmenso lago. En medio del lago estaba Padmasambhava, sentado nuevamente en un loto. Cuando el rey escuchó aquella noticia, decidió averiguar más sobre el personaje. No quiso confiarle la tarea a un mensajero y fue en persona a ver a Padmasambhava. Al llegar al lugar quedó boquiabierto ante aquel ser sentado en un loto, en el centro de un lago donde antes había habido un campo crematorio que se usaba también para ejecutar a los criminales en la hoguera. El rey confesó a Padmasambhava su maldad e insensatez, y lo invitó a volver con él al palacio. Pero Padmasambhava se negó a acompañarle, diciendo que jamás entraría en el palacio de un pecador, de un rey malvado que había condenado a muerte a un ser que encarnaba la esencia espiritual tanto de un rey como de un guru, de alguien que no hizo caso de la verdadera esencia de la espiritualidad. El soberano reiteró su solicitud y finalmente Padmasambhava aceptó su invitación. El rey tiró personalmente del carro en el cual iba sentado Padmasambhava, quien se convirtió en el *rajaguru*, o guru del rey, y rescató a Mandarava de la fosa.

Durante aquella etapa de su vida, la relación de Padmasambhava con la realidad se caracterizó por el rigor, pero a la vez estaba dispuesto a permitirles a los demás que cometieran errores en el camino espiritual. Incluso estaba dispuesto a dejar que el rey intentara quemarlo vivo y arrojara a una fosa a su discípula, la princesa. Le parecía necesario dejar que aquellas cosas sucedieran. Esto es importante, porque es un buen ejemplo del estilo pedagógico de Padmasambhava.

Era importante dejarle espacio al rey para que tomara conciencia por sí solo de su neurosis, de su actitud general y de su manera de pensar. Esta toma de conciencia debía producirse sin influencia externa, en vez de que Padmasambhava realizara algún acto milagroso con sus poderes mágicos antes de que lo detuvieran (y bien podría haberlo hecho de haber querido). Padmasambhava podría haber dicho: «soy el maestro más grande del mundo, no podéis tocarme. Ahora veréis la grandeza de mi poder espiritual». Pero no lo hizo y prefirió dejar que lo llevaran preso.

Ésta es una indicación muy importante de la forma en que Padmasambhava se relacionaba con la mente samsárica o confusa: primero dejaba que se manifestara la confusión y luego dejaba que se corrigiera sola. Nos recuerda el caso de un maestro zen que tenía una discípula. La mujer quedó embarazada y dio a luz. Sus padres fueron a ver al maestro, le mostraron la criatura y le dijeron: «usted es el padre de este bebé. Debería quedarse con él y cuidarlo». El maestro zen contestó: «¿de veras?», recibió a la criatura y se hizo cargo de ella. Años más tarde, la mujer no pudo soportar más el hecho de haber dicho una mentira; en realidad, el padre de su retoño no era el maestro, sino otro hombre. Fue a hablar con sus padres y les dijo: «mi maestro no es el padre de esa criatura; el padre es otro». Inquietos, los padres decidieron que sería mejor quitarle la criatura al maestro, que por aquel entonces estaba meditando en las montañas. Fueron a buscarle y le dijeron: «hemos descubierto que esta criatura no es suya. Venimos a llevárnosla, se la vamos a quitar. Usted no es su verdadero padre». Y el maestro zen contestó solamente: «¿de veras?»

Dejemos entonces que jueguen los fenómenos. Dejemos que solitos hagan el ridículo. Ésa es la manera de actuar. No sirve de nada decir: «déjeme hablar con usted. Quiero explicarle la situación punto por punto». El simple hecho de decir algo no basta, amén de lo difícil que es encontrar las palabras justas. No sirve. No es posible embaucar al mundo fenoménico con palabras ni recurriendo a la lógica, a una lógica intrascendente. Sólo es posible relacionarse con el mundo fenoménico en función de lo que ocurre en él, en función de su propia lógica. Es un concepto más amplio de la lógica, en el que se considera la lógica global de la situación. De manera que una característica importante del método de Padmasambhava consiste en dejar que los fenómenos jueguen hasta que se agoten en lugar de intentar demostrar algo o dar explicaciones.

En la siguiente situación, que corresponde al próximo aspecto, Padmasambhava debió enfrentarse a quinientos herejes, llamados *tírthikas* en sánscrito. Los herejes eran teístas. En aquel caso eran brahmanes, pero igualmente podrían haber sido seguidores de Jehová o haber tenido cualquier enfoque diametralmente opuesto al planteamiento no teísta del *buddhadharma*[1]. Se organizó un debate, un concurso de lógica. Una gran muchedumbre rodeaba a los dos *pánditas*[2], que estaban sentados el uno frente al otro. El pándita teísta y el no teísta argumentaban sobre la naturaleza de la espiritualidad. Ambos tenían una fijación espiritual (no importa que uno fuera teísta y el otro no; en ambos casos se puede tener una fijación espiritual). Los dos trataban de afianzar su territorio, de demostrar que su camino espiritual era el correcto. En este caso, los teístas ganaron y los budistas perdieron, abrumados por la lógica de sus contrincantes. A continuación le pidieron a Padmasambhava que celebrara una ceremonia de destrucción para aniquilar a los teístas y a toda su organización. Así lo hizo, provocando un alud gigantesco que mató a los quinientos panditas y destrozó su áshram.

Bajo este aspecto Padmasambhava lleva el nombre de Senge Drádrok, que significa «rugido de león». El rugido del león destruye la psicología dualista; según ésta, a las cosas se les atribuyen valor y validez *solamente porque existe esa otra cosa* llamada Brahma o Dios, o como queramos llamarle. Según el criterio dualista, si se ha producido «aquello», entonces «esto» también es algo contundente y real. Para hacernos uno con Él —o con Ella, da lo mismo—, debemos ser receptivos a ese algo superior y objetivo. Esta manera de ver las cosas siempre causa problemas. Y el único modo de destruir esa estructura dualista es activar la loca sabiduría de Padmasambhava.

Desde el punto de vista de la loca sabiduría, «aquello» no existe; y la razón por la que no existe «aquello» es que «esto», el yo, ha dejado de existir. Se podría hablar en cierto sentido de una destrucción mutua, pero al mismo tiempo esa destrucción es favorable desde el punto de vista no teísta. De existir Jehová o Brahma, el que los percibe también tendría que existir para poder reconocer su existencia. Según la loca sabiduría, el que reconoce esa existencia no existe; ya no está o, al menos, su existencia es discutible. Y si «esto» no existe, «aquello» no puede existir. No es más que un fantasma, algo imaginario. Incluso para que exista la imaginación debe haber un «imaginador». Por lo tanto, la destrucción de la noción centralizada de un yo entraña la inexistencia de «aquello».

Ésta era la actitud de Padmasambhava en su manifestación como Senge Drádrok, «rugido de león». El rugido del león se oye porque el león no le teme a «aquello»; está dispuesto a examinarlo todo, a subyugarlo todo, porque «esto» ya no tiene una existencia que se pueda destruir. En ese sentido, el rugido del león puede relacionarse con el desarrollo del *orgullo vajra*.

El siguiente aspecto se conoce como Dorje Trolö y se manifestó por primera vez cuando Padmasambhava se trasladó al Tíbet. Los tibetanos no tenían un culto basado en la adoración de dioses externos. No tenían un panteón de dioses, como los hindúes. Ni siquiera conocían la palabra *Brahma*. Tenían en cambio el concepto de *yeshen*, que en la tradición pön[3] equivale a «lo absoluto». *Ye* significa «primordial» y *shen* significa «lo ancestral» o «gran amigo». En el Tíbet, el dharma del Buda tuvo que enfrentarse a una perspectiva totalmente diferente, a una nueva manera de ver las cosas.

Hasta entonces, Padmasambhava sólo se había relacionado con hindúes, adeptos del brahmanismo, pero lo que encontró en el Tíbet era algo absolutamente diferente. En tibetano clásico, el término *yeshen* tiene la connotación de «ancestral», «antiguo» e incluso «celestial». Se asemeja al concepto japonés de *shin*, que significa «cielo», o al concepto chino de *ta*, que significa «lo que está arriba». Estos tres términos se refieren a algo superior, algo más elevado, a un proceso de ascenso que se podría asociar con dragones, tempestades, nubes, el sol y la luna, las estrellas, etcétera. Aluden a algo que está «arriba», a un orden cósmico superior y más vasto.

Estos conceptos le crearon grandes problemas a Padmasambhava. No le servía de nada tratar de resolver el problema por medio de la lógica, porque la sabiduría de la tradición pön era muy profunda, extraordinariamente profunda. Si Padmasambhava se hubiese visto obligado a recurrir a la lógica para enfrentarse a los seguidores del pön, lo único que podría haberles dicho es que la tierra y el cielo forman un todo, que el cielo no tiene existencia propia porque el cielo y la tierra dependen el uno del otro. Pero este predicamento no tiene nada de genial, porque todo el mundo sabe que hay una tierra y un cielo, que hay montañas y estrellas, soles y lunas. No habría sido posible, por medio del debate, convencer a aquella gente de que la tierra y las montañas no existen, de que no existen ni el sol, ni la luna, ni el cielo, ni las estrellas.

La filosofía pön tiene una gran fuerza. Se asemeja mucho a la noción de cordura cósmica de las culturas indígenas de las Américas y también tiene gran afinidad con las tradiciones del shinto y del taoísmo. Es una perspectiva extraordinariamente sensata. Sin embargo, hay un problema. Como cosmovisión es excesivamente antropocéntrica: el mundo ha sido creado para los seres humanos, los animales son nuestra fuente de alimento y sus pieles nos sirven para vestirnos. Lo que falta en este enfoque antropocéntrico es la cordura básica, porque no respeta la continuidad fundamental de la conciencia. Un síntoma de esto en la religión pön era la costumbre de sacrificar animales al *yeshen* o gran dios, lo que también tiene cierta similitud con las tradiciones de los aborígenes americanos o el shinto del Japón, que colocan al hombre en el centro del universo. Según este punto de vista, las hierbas y los árboles, los animales salvajes, el sol y la luna no existen sino para divertir a los seres humanos. Todo el sistema se basa en la existencia del ser humano. Ése es el problema fundamental.

El budismo no es un planteamiento religioso nacional. Las religiones nacionales suelen ser teístas. Recordemos que el cristianismo heredó su enfoque teísta del judaísmo, y que el judaísmo, el shintoísmo, el hinduismo y muchas otras religiones de esa índole son religiones nacionales que también son teístas. Tienen su propia manera de comprender la relación entre «esto» y «aquello», el cielo y la tierra. Es sumamente difícil difundir un planteamiento no teísta en un país primitivo que ya tiene creencias teístas. La relación de los habitantes con las raíces de su supervivencia supone una visión de la tierra en relación con la magnificencia del cielo. Su sentido de la veneración ya se ha formado.

Recientemente, los jesuitas y otros misioneros católicos han elaborado un método que consiste en decir a los pueblos primitivos: «sí, vuestros dioses existen, es cierto, pero mi dios es mucho más sabio que el vuestro, pues tiene el don de la ubicuidad, etcétera... Es ambidextro y un montón de cosas más». Pero el budismo se enfrenta a un problema totalmente diferente. Aquí no se trata de tu dios contra mi dios. Tú tienes tu dios, pero yo no tengo dios, así que me quedo como suspendido en el aire. No tengo nada que sustituya a tu dios. ¿Dónde están entonces la grandeza y el poder de convicción de mi planteamiento? No tengo nada que ofrecer a cambio. Lo único que puede servir de sustituto es la loca sabiduría. La *mente* es algo muy poderoso. Todos tenemos una mente, incluso los animales. Todos tienen mente. Olvidémonos entonces de Él, o de Ellos, o de Ellos con Él, o de lo que sea.

Nuestro estado mental es sumamente poderoso. Podemos imaginar que estamos destruyendo algo y lo destruimos; podemos imaginar que estamos creando algo y lo creamos. Logramos todo lo que nos proponemos en el plano mental. Imaginemos, por ejemplo, a un enemigo. Queremos destruirlo y hemos ideado todo tipo de tácticas para hacerlo. Tenemos una capacidad infinita de visualizar su destrucción. Imaginemos ahora a un amigo. Tenemos infinitas ideas sobre cómo relacionarnos con él y hacer que se sienta bien o más a gusto o que prospere.

Ésa es la razón por la que hemos construido estas casas y calles y hemos fabricado estas camas y mantas. Es por eso por lo que hemos producido estos alimentos e inventado diferentes recetas. Lo hemos hecho todo para demostrarnos a nosotros mismos que existimos. En cierto sentido, es un enfoque humanista: el ser humano existe y su inteligencia existe. Es absolutamente no teísta.

Según Padmasambhava, la magia se sitúa en este plano no teísta. Un rayo se produce porque sí y nada más; no tiene más *por qué* que ése, ni tampoco depende de un *quién* o de un *qué*. Ocurre y punto. Las flores florecen porque sí; sucede que florecen. No podemos decir que no hay flores; no podemos decir que no nieva. Las cosas son así. Suceden. El rayo salió de allá arriba, del cielo, ¿y qué? ¿Qué pretendemos hacer con eso?

Todo sucede en este plano, el plano absolutamente terrenal; todo sucede de manera muy directa y práctica. Esto permite que se desarrolle la sabiduría de Dorje Trolö, que es extraordinariamente potente. Es potente a nivel de las cosas más concretas y por ello resulta tan irritante. Es más, su potencia radica en ese hecho. Lo impregna todo, realmente *está* ahí.

Dorje Trolö llega al Tíbet montado en una tigresa preñada. La tigresa es pura electricidad; es electricidad en estado de gravidez. Ha sido domada a medias pero conserva la fuerza indómita de un animal salvaje. Dorje Trolö desconoce toda lógica convencional. Se guía por una sola lógica, la de relacionarse con el cielo y la tierra. El horizonte existe porque el cielo tiene una cierta forma. Existe la inmensidad del espacio, del cielo; y también existe la inmensidad de la tierra. Todos ellos son inmensos, de acuerdo, pero, ¿y qué? ¿Vamos a armar un lío a partir de eso? ¿Con quién queremos competir? La inmensidad existe, pero, ¿por qué no prestar atención también a las cosas pequeñas? ¿No son acaso más amenazantes? El grano de arena es más amenazante que la inmensidad del espacio o del desierto, porque está concentrado y es sumamente explosivo. Ésta es una broma cósmica de dimensión descomunal, una broma cósmica gigantesca, una broma colosal.

A medida que la loca sabiduría de Dorje Trolö iba desarrollándose, perfeccionó una técnica para transmitir sus ideas a las generaciones venideras. Con muchos de sus escritos razonó de la siguiente manera: «es posible que estas palabras no sean importantes ahora, pero las anotaré y las enterraré en las montañas del Tíbet». Así lo hizo, pensando: «alguien las descubrirá algún día y le parecerán absolutamente alucinantes. Que se divierta, pues, leyéndolas». Ésta es una actitud muy singular. Hoy en día los gurus piensan solamente en el efecto inmediato que puedan tener y no se les ocurre que también podrían causar un fuerte impacto en el futuro. En cambio Dorje Trolö pensó: «si dejo un ejemplo de mis enseñanzas, por más que las generaciones futuras no tengan la experiencia de lo que describo, el solo hecho de oír mis palabras podría hacer que explotara una bomba atómica espiritual en el futuro». Era una idea inaudita, algo muy potente.

La fuerza espiritual de Padmasambhava, expresada a través de Dorje Trolö, es un mensaje directo que no admite dudas. Existe, y punto. No caben las interpretaciones ni los intentos por sentirse en su casa con ella. No será más que energía espiritual, pero es dinamita pura. Si la distorsionamos, nos aniquila en el acto. Si conseguimos verla realmente, entonces estamos totalmente ahí, presentes con ella. Es implacable, pero a la vez es compasiva, porque contiene una energía inmensa. El estado de loca sabiduría conlleva un orgullo tremendo, pero el amor también tiene cabida en él.

¿Pueden imaginarse lo que es recibir al mismo tiempo el impacto del amor y del odio? En la loca sabiduría, uno recibe el impacto simultáneo de la compasión y la sabiduría, sin la menor posibilidad de analizarlas. No puede detenerse a calcular, ni tiene tiempo para resolver nada. La loca sabiduría está *ahí*, pero a la vez no está. Y al mismo tiempo, es una broma gigantesca.

PREGUNTA: Para llegar a la loca sabiduría, ¿es necesario que aumentemos el nivel de nuestra energía?

TRUNGPA RÍNPOCHE: Yo diría que no, porque toda situación tiene una energía propia. Dicho de otra manera, la energía es la autopista, no el hecho de conducir a gran velocidad. La autopista nos incita a conducir rápido. La energía existe por sí sola.

P.: ¿Y uno no se preocupa por el automóvil?

T.R.: No.

PREGUNTA: ¿Hay otros linajes que hayan transmitido la loca sabiduría fuera del linaje ñingma?

TRUNGPA RÍNPOCHE: No creo. Existe también el linaje del *mahamudra*[4,] cuyas bases son la precisión y la exactitud. Pero el linaje de la loca sabiduría que recibí de mi guru parece tener una fuerza mucho mayor. Es un tanto ilógico. Algunas personas pueden sentir que el no saber exactamente cómo tomarla es muy peligroso. Al parecer, la loca sabiduría ha sido transmitida exclusivamente por la tradición ñingma y el linaje del *maha ati*[5].

PREGUNTA: ¿Qué nombre recibió Padmasambhava antes de llamarse Dorje Trolö?

TRUNGPA RÍNPOCHE: Ñima Öser, que significa «luz dorada del sol»[6].

P.: ¿Fue en la época en que estaba con Mandarava?

T.R.: No, en aquella época se le conocía como Loden Choksi. En la iconografía se le representa con turbante blanco.

PREGUNTA: ¿Existen restricciones o preceptos relacionados con la loca sabiduría?

TRUNGPA RÍNPOCHE: Parece que no hay nada más excepto ella misma, el solo hecho de ser loca sabiduría.

P.: ¿Así que no hay pautas de conducta?

TRUNGPA RÍNPOCHE: No hay ningún manual que explique cómo convertirse en un exponente de la loca sabiduría. No está de más leer libros, pero a menos que uno tenga alguna vivencia directa de la loca sabiduría, gracias al contacto con el linaje que la representa —es decir con alguien que sea loco y sabio a la vez—, no sacará mucho con leer solamente. En el fondo, todo depende del mensaje que uno recibe del linaje y del hecho de que exista alguien que ya haya recibido una herencia. Sin eso, todo se vuelve puramente mítico. Cuando uno comprueba con sus propios ojos que otra persona realmente posee un elemento de loca sabiduría, en cierta medida le sirve de confirmación, lo que es algo valioso a estas alturas.

PREGUNTA: Aparte del linaje, ¿podría hablarnos de alguna de esas bombas de tiempo espirituales que nos legó Padmasambhava que tengan validez hoy en día como enseñanza?

TRUNGPA RÍNPOCHE: Podríamos decir que este seminario es una de ellas. Si no nos interesara Padmasambhava, no estaríamos aquí. Nos dejó en herencia su personalidad, y por eso estamos aquí.

PREGUNTA: Usted se refirió a algunos de los problemas que tuvo Padmasambhava cuando expuso el dharma en el Tíbet, sobre todo a la diferencia entre la mentalidad tibetana, que era teísta, y el no teísmo del budismo. ¿Qué dificultades presenta la enseñanza del dharma en Norteamérica?

TRUNGPA RÍNPOCHE: Las mismas, diría yo. Los norteamericanos adoran al sol y los dioses del agua y de las montañas. Los siguen adorando. Es una mentalidad muy primordial, y algunos norteamericanos están redescubriendo su patrimonio. Muchos se han dedicado a estudiar las tradiciones indígenas, lo que es algo muy bello, pero la verdad es que lo que sabemos de esas tradiciones es bastante inexacto. Los norteamericanos se consideran como seres muy evolucionados y científicos, eruditos y expertos en todo, pero en realidad su cultura aún se halla al nivel de los simios. La loca sabiduría de Padmasambhava nos podría servir de lección, podríamos convertirnos en simios trascendentes.

PREGUNTA: ¿Nos podría decir algo más sobre el *orgullo vajra*?

TRUNGPA RÍNPOCHE: El orgullo vajra es la sensación de que la cordura fundamental es algo que existe realmente dentro de nosotros y de que, por lo tanto, no es necesario deducir su existencia por medio de la lógica. No tenemos por qué demostrar que algo ocurre o que no ocurre. La insatisfacción profunda que nos hace partir en busca de una comprensión espiritual es una expresión del orgullo vajra; no queremos que esa confusión desaparezca, estamos dispuestos a correr un riesgo. Ésa parece ser la primera expresión del instinto que conduce al orgullo vajra, ése es nuestro punto de partida.

PREGUNTA: Hay dos aspectos de Padmasambhava que me parecen contradictorios. Por un lado, dejó que se manifestara la confusión del rey para que pudiera volverse contra sí misma, pero no quiso hacer lo mismo con la confusión de los quinientos panditas (suponiendo que el dualismo sea una forma de confusión). Simplemente los destruyó con un alud. ¿Qué opina usted?

TRUNGPA RÍNPOCHE: Yo diría que los panditas eran gente muy ingenua, que no tenía ningún contacto con los problemas vitales concretos. Estaban muy satisfechos con la imagen que proyectaban de sí mismos. Por eso, el relato nos da a entender que la única manera posible de relacionarse con ellos era provocando un alud, haciéndoles sufrir un choque o sobresalto repentino. Cualquier otra cosa la podrían haber interpretado a su manera. Si los panditas se hubiesen hallado en la situación del rey, habrían sido mucho más intransigentes y menos comprensivos que el monarca. No estaban dispuestos en absoluto a relacionarse con nada, pues se habían anquilosado en su dogmatismo. Por lo demás, ya era hora de que comprendieran tanto su propia inexistencia como la de Brahma. Por eso se les sometió a una catástrofe que no fue provocada por Brahma sino por ellos mismos y que los dejó en una situación no teísta. No había más que ellos, no existía la menor posibilidad de echarle la culpa a Dios, ni a Brahma, ni a nadie más.

Notas

1. También se dice «dharma del Buda». Éste es uno de los términos con los que tradicionalmente el budismo se designa a sí mismo. (*N. del T.*)
2. Erudito en sánscrito. La variante *pándit*, más conocida en castellano, deriva del hindi, una lengua moderna de la India. (*N. del T.*)
3. Tradición chamánica prebudista del Tíbet. (*N. del T.*)
4. Las enseñanzas más elevadas del linaje kagyü. Véase pág. 74. (*N. del T.*)
5. Las enseñanzas más elevadas del linaje ñingma. (*N. del T.*)
6. En la edición inglesa dice, erróneamente, «asir el sol». (*N. del T.*)

Shakya Senge

6. CINISMO Y DEVOCIÓN

Espero que ya tengan por lo menos una imagen general de Padmasambhava y sus diversos aspectos. Según la tradición, hay tres maneras de relatar la historia de Padmasambhava: la externa, basada en los hechos; la interna o psicológica, y la superior o secreta, que corresponde a la loca sabiduría. Hasta ahora nos hemos concentrado en la última, incorporando algunos elementos de las otras dos.

Para concluir este seminario convendría examinar cómo podemos relacionarnos con Padmasambhava. Estamos estudiando a Padmasambhava como un principio cósmico y no como un personaje histórico, un santo indio. Las diferentes manifestaciones de este principio van surgiendo sin cesar. Padmasambhava aparece bajo la forma de Shakya Senge, del yogui Ñima Öser, del príncipe Pema Gyalpo, del yogui loco Dorje Trolö y de otros más. El principio de Padmasambhava contiene todos los elementos que forman parte del mundo de la realización.

Tengo la impresión de que mis estudiantes han ido desarrollando un estilo particular de entender las enseñanzas. Desde el comienzo hemos adoptado una actitud de desconfianza: desconfianza hacia nosotros mismos, pero también hacia las enseñanzas y el maestro; hacia todo, en realidad. Nos parece necesario considerarlo todo con ciertas reservas, examinarlo todo, ponerlo a prueba en todos sus detalles para asegurarnos de que es oro puro. Este método nos ha obligado a actuar con sinceridad. Hemos tenido que dejar al descubierto todos nuestros autoengaños, lo que es sumamente importante, porque no podemos llegar a la espiritualidad sin antes abrirnos paso por el materialismo espiritual.

Habiendo preparado el terreno con esa actitud de desconfianza, quizá sea el momento de cambiar de enfoque y adoptar otro casi diametralmente opuesto. Ya hemos desarrollado un cinismo certero semejante al vajra y cultivado la naturaleza vajra; ahora podríamos empezar a entender lo que es la espiritualidad. Y comprobamos que la espiritualidad es absolutamente común y corriente. Aunque hablemos de ella como si fuera algo extraordinario, en realidad es absolutamente ordinario.

Para entender esto es posible que tengamos que cambiar nuestra manera de actuar. El siguiente paso consiste en cultivar la devoción y la fe. No es posible establecer un nexo con el principio de Padmasambhava si no tenemos una cierta calidez. Si extirpamos totalmente el autoengaño por medio de la sinceridad, se empieza a producir una situación positiva. Adquirimos una comprensión positiva de nosotros mismos, y también de las enseñanzas y del maestro. Si queremos recibir la gracia o *adhishthana* de Padmasambhava y trabajar con este principio cósmico de la cordura elemental, debemos cultivar un cierto romanticismo. Éste es tan importante como la actitud cínica que hemos preconizado hasta ahora.

Esa actitud romántica se llama *bhakti* y se expresa de dos maneras. La primera se basa en una sensación de pobreza. Uno tiene la impresión de que le falta algo que los demás poseen y, por ende, admira la riqueza de «aquello»: la meta, el guru, las enseñanzas. Con tal actitud de pobreza, todas estas cosas le parecen maravillosas porque no las posee. Es una actitud materialista, propia del materialismo espiritual, que se deriva esencialmente de una falta de cordura, de no tener suficiente confianza y sentido de la riqueza.

El segundo tipo de actitud romántica nace de la sensación de que uno ya posee algo, algo que ya está ahí. Cuando admira algo no es porque le pertenezca a otra persona, porque esté distante o sea inalcanzable, sino porque está muy cerca, en el propio corazón. Uno valora lo que uno realmente es. Uno tiene tanto como el maestro. Por lo demás, uno está siguiendo el camino del dharma, de modo que no tiene por qué contemplar el dharma desde afuera. Es un planteamiento sano y fundamentalmente rico, en el cual no cabe el sentimiento de pobreza.

Esta forma de romanticismo es importante. Es la fuerza más grande que hay. Destruye el cinismo, que existe únicamente para perpetuarse y protegerse a sí mismo; desarticula el juego cínico del ego para dar lugar a un orgullo mejor y más grande, el *orgullo vajra*. Entonces se produce una sensación de belleza, e incluso una sensación de amor y luz. Sin esto, relacionarse con el principio de Padmasambhava no es más que un intento de medir la profundidad de la experiencia psicológica a la que se puede llegar. Sigue siendo un mito, algo que uno no posee. Por consiguiente, parece interesante pero nunca se convierte en algo personal. La devoción o compasión es la única forma de abrirse a la gracia o el *adhishthana* de Padmasambhava.

Tengo la impresión de que a mucha gente esta actitud cínica y escéptica que hemos favorecido hasta ahora le resulta irritantemente fría. Esto sucede sobre todo con las personas que llegan aquí por primera vez. Lejos de darles una buena acogida, no hacemos más que escudriñarlas y mirarlas por encima del hombro. Tal vez ésta sea una manera muy honradada de relacionarse con el «otro», que es también uno mismo. Sin embargo, llega un momento en el que resulta imprescindible tener no sólo frialdad, sino también calidez. No se trata de variar la temperatura —el frío intenso ya *es* calor—, pero podríamos darle un giro distinto a la situación. Esto sucede exclusivamente a nivel de la mente conceptual, de la lógica; la verdad es que no existe tal giro, pero de alguna manera hay que expresar esta idea en palabras. Estamos hablando de algo que de tan cálido llega a ser irritante. Es algo muy fuerte y magnético.

Por lo visto, el estudio de Padmasambhava parece ser un hito en el viaje común que hemos emprendido. Ya es hora de que pongamos en práctica esa actitud romántica, si la podemos llamar así... la actitud romántica sana, no la materialista.

Este seminario aquí se dio por una simple casualidad. A pesar de que exigió mucha organización y preparación, también es cierto que se produjo de manera fortuita. El que hayamos podido hablar de la vida de Padmasambhava es un accidente muy valioso. Las oportunidades de hablar de un tema como éste son sumamente raras, únicas y preciosas. Sin embargo, las situaciones excepcionales y valiosas como ésta se producen constantemente; de hecho, nuestra vida, como parte de las enseñanzas, es algo preciosísimo. Cada uno de ustedes llegó aquí puramente por casualidad y, por tratarse de una casualidad, es algo que no se puede volver a repetir. Por eso es una situación preciosa. Por eso el dharma es precioso. Todo se vuelve precioso; la vida humana se transforma en algo precioso.

La vida humana tiene un valor único. Cada uno de nosotros tiene un cerebro, tiene percepciones sensoriales, tiene materiales de trabajo. Cada uno ha tenido problemas en el pasado —depresiones, momentos de locura, luchas— y todo cobra sentido. De modo que el viaje prosigue y prosigue la casualidad, la casualidad de que estemos aquí. Ése es el tipo de romanticismo o calidez al que me refiero. Vale la pena abordar las enseñanzas de esta manera. Si no lo hacemos, no podremos establecer una relación con el principio de Padmasambhava.

PREGUNTA: ¿Podría hablarnos un poco de la manera en que usted se conectó con la loca sabiduría de su guru,

Jamgön Kongtrül de Sechen, suponiendo que él la tuviera? ¿Cómo combinó las actitudes de pobreza y riqueza cuando estudiaba con él?

TRUNGPA RÍNPOCHE: Yo diría que mi manera de trabajar con mi maestro se parecía muchísimo a la de cualquier otra persona. Al comienzo me sentía fascinado por él y lo admiraba mucho, pero desde el punto de vista de la pobreza. Al mismo tiempo, el solo hecho de poder ver a Jamgön Kongtrül Rínpoche, y de no estar obligado a quedarme sentado todo el rato memorizando textos, me resultaba sumamente estimulante, era un recreo muy grato. Era muy entretenido observarle y yo me divertía muchísimo pasando el rato con él.

Todo esto se basaba aún en una actitud de pobreza, de disfrutar de lo que uno no posee. Yo no tenía más que los libros que leía y el tutor que me disciplinaba. Además, Jamgön Kongtrül, con su comprensión extraordinaria y su gran energía espiritual, era el modelo de lo que yo debería llegar a ser de mayor. Me lo repetían una y otra vez, lo que provenía de una actitud de pobreza y materialismo. Claro que los del monasterio me tenían cariño, pero también se preocupaban de las relaciones públicas: la fama, la gloria, la realización.

Sin embargo, a medida que me fui acercando más a Jamgön Kongtrül, fui abandonando poco a poco mis intentos de coleccionar cosas para enriquecerme. Me dediqué simplemente a disfrutar de su presencia, a acompañarle. Entonces pude sentir realmente su calidez y su riqueza, y ser parte de ellas. Por lo tanto, yo diría que uno comienza con una actitud materialista y luego se reorienta paulatinamente hacia una actitud sana, hacia la devoción.

Jamgön Kongtrül poseía todas las cualidades de Padmasambhava. A veces, parecía un niño grande. Ése era el aspecto del pequeño príncipe. Otras veces era cariñoso y atento. Y de vez en cuando tenía un aire sombrío que me daba la sensación de que algo andaba muy mal. Me producía una paranoia increíble: sentía que mi cabeza era enorme y que sobresalía del cuerpo, lo que me avergonzaba mucho, pero no sabía qué hacer.

PREGUNTA: La fase cínica por la que estamos pasando, ¿se debe al hecho de que somos norteamericanos? ¿Tiene alguna relación con la cultura norteamericana o proviene más bien de un aspecto de las enseñanzas que es independiente de la cultura?

TRUNGPA RÍNPOCHE: Ambas cosas, diría yo. Por un lado se debe a la cultura norteamericana, especialmente porque en esta época de cambio social se ha creado un supermercado espiritual. Por eso debemos ser inteligentes, para vencer la mentalidad del supermercado e impedir que nos trague.

Por otro lado también es una actitud muy budista. Me imagino que era la mentalidad imperante en la Universidad Nalanda[1]. Naropa y todos los demás panditas se valían de sus mentes hiperlógicas para no dejar títere con cabeza. Era algo pasmoso. Esta actitud se basa en la idea budista de que las enseñanzas comienzan por el dolor y el sufrimiento, que es la Primera Noble Verdad. Es una manera realista de encarar las cosas. No basta con ser simplemente candoroso y maleable; se necesita algo más de peso, un poco de cinismo. Y luego, cuando uno está listo para hablar del camino, la Cuarta Noble Verdad, tiene la sensación de que algo positivo esá sucediendo. Es el aspecto devocional que empieza a manifestarse.

Se trata, pues, de una combinación de factores culturales e inherentes. Sin embargo, es necesario que el proceso empiece así. Y de hecho así empieza.

PREGUNTA: Usted habló de *casualidad*. ¿Usted diría que la casualidad también abarca el libre albedrío?

TRUNGPA RÍNPOCHE: Bueno, es ambas cosas, es decir que el libre albedrío es la causa de la casualidad. Sin libre albedrío no podría haber accidentes.

PREGUNTA: Hemos visto cómo se relacionaba Padmasambhava con la gente confusa. ¿Le parece adecuado que adoptemos esa actitud frente a nosotros mismos? ¿Debemos, por ejemplo, dejarnos inundar por la neurosis y cosas por el estilo?

TRUNGPA RÍNPOCHE: Yo diría que se trata precisamente de eso. Todos tenemos un aspecto que es Padmasambhava. Tenemos cierta tendencia a rechazar la confusión imperante, a querer superarla. Hay algo en nosotros, una veta revolucionaria, que nos dice que no estamos sujetos a la confusión.

PREGUNTA: ¿Es importante ahora tratar de evitar el cinismo en nuestra manera de aplicar las enseñanzas?

TRUNGPA RÍNPOCHE: Yo diría que el cinismo no pierde vigencia y se transforma en un cinismo potente. No se puede adoptar y abandonar como quien pasa de un canal de televisión a otro. Debe mantenerse, es necesario que esté ahí. Por ejemplo, cuando nos enfrentamos a un aspecto nuevo o más profundo de las enseñanzas, sigue siendo tan necesario como antes que lo pongamos a prueba. Eso nos dará más información y una mayor confianza en las enseñanzas .

PREGUNTA: ¿Siguen vigentes las enseñanzas de Padmasambhava? Los cambios históricos y culturales, ¿no exigen acaso cambios en las enseñanzas?

TRUNGPA RÍNPOCHE: Sí, siguen siendo vigentes porque tienen que ver con la manera de relacionarnos con la confusión. Nuestra confusión sigue vigente; de no ser así no nos confundiríamos. Y la toma de conciencia de la confusión también sigue vigente, porque la confusión plantea dudas y nos incita a despertarnos. Las enseñanzas consisten en reconocer la confusión, de modo que están siempre presentes, son siempre vitales y no pierden vigencia.

PREGUNTA: En otra charla usted dijo que Padmasambhava se hallaba en un estado de no decisión. ¿Eso equivale a no pensar? ¿Sabe a qué me refiero? El simple funcionamiento de la mente...

TRUNGPA RÍNPOCHE: ...que es precisamente el pensar. Pero uno *sí* tiene el poder de pensar sin pensar. Existe una cierta inteligencia que se relaciona con la totalidad y que es más precisa, pero no es verbal; no está conceptualizada en absoluto. En cierto sentido, podríamos decir que piensa, pero no en el sentido corriente.

P.: ¿Es pensar sin estratagemas?

T.R.: Es algo más. *Es* pensar sin estratagemas, pero es más aún. Es una inteligencia que existe por sí sola, por derecho propio.

PREGUNTA: Rínpoche, a propósito de la devoción, me siento tan feliz cuando puedo vivenciar el aspecto vivo del dharma. Es una alegría tan grande, es como una sensación de euforia. Pero luego me doy cuenta de que a continuación puede venir un bajón, y me encuentro en una especie de terreno baldío, un lugar desértico. He llegado a pensar últimamente que sería mejor evitar esos extremos, porque siempre parecen conducir a lo opuesto.

TRUNGPA RÍNPOCHE: Cuando uno tiene una actitud de pobreza puede ser como un pordiosero que pide comida. Alguien le da algo de comer y disfruta mientras come, pero luego tiene que mendigar de nuevo y entre una limosna y otra se siente bastante desgraciado. Eso es lo que pasa. Esa forma de relacionarse con el dharma se basa aún en la tendencia a percibirlo como algo externo, en vez de sentir que uno ya lo posee. Cuando uno se da cuenta de que el dharma es uno mismo y que uno ya está en él, no siente una gran alegría. Uno no se siente más contento ni más eufórico. Si llega a sentir euforia, es una euforia permanente, sin punto de referencia para establecer comparaciones. Y si no siente euforia, se siente extraordinariamente común y corriente.

PREGUNTA: Su idea de casualidad, ¿no contradice acaso la ley del karma, que dice que todo tiene causa y efecto?

TRUNGPA RÍNPOCHE: La casualidad es karma. Las situaciones kármicas se producen por accidente. Es como el roce del pedernal y el acero que produce una chispa. Todo se da de manera inesperada. Todo es súbito y kármico a la vez. La idea original del karma se refiere a la acción evolucionaria de los doce *nidanas*[2], que empiezan con el desconocimiento, con el torno del alfarero. Esta acción evolucionaria que comienza por el desconocimiento es una casualidad, un accidente.

P.: ¿El desconocimiento mismo es un accidente?

T.R.: El desconocimiento es de por sí un accidente. La dualidad es un accidente. Es un gran malentendido.

Notas

1. Célebre universidad budista de la India medieval, fundada en el siglo II en el reino de Magadha (actual estado de Bihar en el noreste de la India). Al comienzo fue un monasterio, pero ya en el siglo V se había convertido en universidad. Logró gran fama por su biblioteca gigantesca y sus renombrados maestros de la escuela madhyámaka, que atraían a religiosos y laicos de todo el mundo budista de entonces (India, Afganistán, Asia Central, Tíbet, China, Japón, Indochina, Indonesia, etc.). Fue un centro cosmopolita de estudios monásticos y seglares; en su apogeo tuvo más de diez mil estudiantes de budismo, pero también de medicina, lógica, música, matemáticas, etc., y ejerció una gran influencia sobre las culturas india y tibetana. Luego entró en decadencia y fue destruida a fines del siglo XII por las invasiones musulmanas. (*N. del T.*)

2. Los doce *nidanas* o eslabones causales que perpetúan la cadena kármica de la existencia condicionada son: (1) el desconocimiento o ignorancia (*avidya*); (2) las formaciones o acumulaciones impulsivas (*samskara*); (3) la conciencia (*vijñana*); (4) lo psicofísico o «nombre y forma» (*nama-rupa*); (5) las seis esferas sensoriales (*shad-ayatana*); (6) el contacto (*sparsha*); (7) la sensación (*vedana*); (8) la sed o deseo (*trishna*); (9) el aferramiento o posesividad (*upadana*); (10) el devenir (*bhava*); (11) el nacimiento (*jati*);

y (12) la vejez y muerte (*jara-márana*). Para fines didácticos, cada nidana va acompañado de una imagen, que en el caso del desconocimiento es un torno de alfarero. (*N. del T.*)

SEGUNDO SEMINARIO:

KARMÊ CHÖLING 1972

Pema Jungne

1. PADMASAMBHAVA Y LA ENERGÍA DEL TANTRA

En este seminario vamos a estudiar a Padmasambhava, el gran santo budista del Tíbet. Padmasambhava fue un yogui y un vidyádhara de la India que llevó al Tíbet todas las enseñanzas del *buddhadharma*, incluido el vajrayana o tantra. Las fechas y los detalles históricos son inciertos. Se dice que Padmasambhava nació doce años después de la muerte del Buda. Tuvo una larga vida y en el siglo VIII viajó al Tíbet para propagar allí el buddhadharma. En cuanto a la cronología y ese tipo de cosas, he optado por adoptar un enfoque no académico. Si a alguien le interesan las fechas, las cifras y los hechos históricos, desgraciadamente no podré ofrecerle datos precisos. No obstante, cualquiera sea la edad de Padmasambhava, sigue siendo una fuente de inspiración.

En vez de estudiar la vida y los actos de Padmasambhava conformándonos a una secuencia cronológica e histórica, intentaremos examinar el sentido fundamental del «padmasambhavismo», como quien dice, o sea las cualidades esenciales de la existencia de Padmasambhava y su relación con los inicios de la enseñanza del vajrayana en el Tíbet. A esto lo podríamos llamar el «principio de Padmasambhava». Este principio le abrió horizontes a millones de personas en el Tíbet y —dicho sea de paso— está abriéndoselos a la gente de este país y también del resto del mundo.

La función que cumplió Padmasambhava en el Tíbet fue la de dar a conocer las enseñanzas del Buda por medio de su relación con los bárbaros tibetanos. Los tibetanos de aquel entonces creían en un yo y en una autoridad superior externa al yo, llamada Dios. El papel de Padmasambhava consistió en destruir esas creeencias. Su punto de partida fue la afirmación de que si no se cree en el yo, tampoco se creerá en Dios. Me temo que el suyo fue un enfoque absolutamente no teísta. Padmasambhava tuvo que destruir esos castillos de arena ilusorios que construimos. Su importancia, por lo tanto, reside en la destrucción de estas creencias erróneas. Su llegada al Tíbet supuso la destrucción de las estructuras espirituales teístas erróneas que se habían implantado en aquel país. Padmasambhava viajó al Tíbet e introdujo el budismo; al hacerlo, descubrió que no sólo debía destruir las creencias primitivas de los tibetanos, sino también elevar su nivel de conciencia. De la misma manera, al presentar ahora el principio de Padmasambhava, nos enfrentamos a una situación análoga: debemos destruir lo que es necesario destruir y debemos cultivar lo que es necesario cultivar.

Para comenzar, debemos destruir ciertas nociones engañosas sobre la santidad, la espiritualidad, la bondad, el cielo, lo divino, etc. Lo que hace que estas nociones sean falaces es la creencia en un ser, en un yo. Esta creencia implica que soy *yo* quien practica la bondad y que, por lo tanto, la bondad es algo que está fuera de mí; o bien implica una relación en la cual la bondad depende de mí y yo dependo de la bondad. Por lo tanto, [puesto que ninguno de los dos tiene existencia independiente], a un nivel básico no existe absolutamente nada a partir de lo cual se pueda construir. El resultado de esta mentalidad [la creencia en un yo] es que cuando el ego saca una conclusión es porque «otros» factores demuestran que la conclusión está acertada. Desde este punto de vista, lo que hacemos es construir castillos de arena o castillos sobre un bloque de hielo.

Según la perspectiva budista, el ego, o el yo, es inexistente. No se basa en ningún factor real o definido. Su fundamento es una simple creencia o hipótesis: me llamo Fulano de Tal, luego existo. Y si no sé cómo me llamo, si no sé cuál es mi nombre, entonces no hay una estructura que sirva de fundamento a todo lo demás. Según esta creencia primitiva, el hecho de creer en «aquello», el otro, produce «esto», el yo. Si existe «aquello», entonces «esto» también debe existir. Creo en «aquello» porque necesito un punto de referencia para mi propia existencia, para «esto».

Según el planteamiento tántrico del vajrayana, introducido en el Tíbet por Padmasambhava, mi existencia en relación con la existencia de los demás se basa en una cierta energía; se basa en cierta comprensión, que igualmente podría ser una incomprensión.

Cuando nos preguntamos: «¿quién eres, qué eres?», y contestamos: «soy Fulano de Tal», nuestra afirmación o confirmación consiste en darle un contenido a esta pregunta vacía. La pregunta es como un recipiente en el cual metemos algo para hacer de él un recipiente apropiado y válido. Entre esas dos operaciones que son plantear una pregunta y dar una respuesta, hay una energía que actúa, un proceso energético que se produce simultáneamente. La energía que surge entre la pregunta y la respuesta se relaciona con lo absolutamente verdadero o lo absolutamente falso. Curiosamente, estos dos no se contradicen. La verdad absoluta y la falsedad absoluta son, en cierto modo, lo mismo; ambas tienen sentido. La verdad es falsa, la falsedad es cierta. Y esta clase de energía, que surge sin cesar, es lo que llamamos tantra. Aquí no importan los silogismos de la verdad o la falsedad, y el estado psicológico que acompaña esa energía se llama loca sabiduría.

Lo que estoy tratando de decir es que la mente está absolutamente obsesionada por recibir, en cada instante, un sí o un no de los fenómenos: sí en el sentido de confirmar la existencia de la mente y no en el sentido de invalidarla. Sin embargo, nuestra estructura mental se perpetúa sin cesar entre estas dos actitudes. Tanto la afirmación como la negación se basan en la misma sensación de tener un punto de referencia.

Esa estructura fundamental de la mente, que consiste en crear puntos de referencia, es algo constante, lo que significa que siempre hay una energía que está presente. Con respecto a nuestra relación con el principio de Padmasambhava, esto significa que no tenemos por qué negar nuestras experiencias de la vida. No tenemos por qué negar nuestras vivencias materialistas o espiritualmente materialistas. No tenemos por qué negarlas como algo malo; por otro lado, tampoco tenemos por qué reafirmarlas como algo bueno. Podríamos relacionarnos con la irrupción simultánea en la existencia de las cosas tal cual son[1].

Esto tiene sentido, porque estamos constantemente luchando en ese terreno, en ese campo de batalla. Siempre estamos peleando por saber quién es el que manda ahí y si el campo de batalla le pertenece a los agresores o a los defensores, y cosas por el estilo. Pero, en el fondo, nadie se ha preguntado nunca si el campo de batalla existe o no existe realmente. Y lo que decimos aquí es que ese terreno, ese campo de batalla, sí existe. El que neguemos o afirmemos que está en nuestro poder o en manos de otros no tiene la menor importancia, ni la más mínima, pues mientras afirmamos o negamos, seguimos en cualquier caso ocupando ese terreno. El terreno en el que estamos es a la vez un lugar de nacimiento y un lugar de muerte. Esto nos da una cierta sensación de solidez desde el punto de vista del principio de Padmasambhava.

Nos referimos aquí a una clase de energía que permite la transmisión de las enseñanzas por el principio de Padmasambhava. Este principio no pertenece ni al mal ni al bien; ni tampoco al sí o al no. Es un principio que acoge absolutamente todo lo que existe en las situaciones de la vida. Y como esa energía está presente en la vida de la gente, el principio de Padmasambhava pudo llevar el buddhadharma al Tíbet. En cierto sentido había que destruir las nociones teístas que existían en el Tíbet: la creencia en un yo y en un Dios como entidades separadas y la idea de que uno debe esforzarse por alcanzar planos superiores. Era imprescindible destruir aquellas creencias primitivas, tal como lo estamos haciendo aquí. Debemos destruir aquellas creencias primitivas en la existencia separada de un yo y de un objeto de adoración del yo. A menos que destruyamos aquellas nociones dualistas, no tendremos un punto de partida que permita dar a luz el tantra. El nacimiento del tantra surge de la inexistencia de la creencia en «esto» y «aquello».

Pero los tibetanos eran muy un pueblo muy poderoso en la época de Padmasambhava. No creían en ninguna filosofía, ni tampoco confiaban en las palabras ingeniosas de los pánditas. Para ellos, la astucia de un pándita no era una credencial válida. La tradición *pön* del Tíbet era sumamente coherente, clara y cuerda. Los tibetanos no le reconocían ningún valor a los discursos filosóficos de Padmasambhava sobre la transitoriedad del ego y otros temas análogos. Este tipo de predicamento no tenía sentido para ellos. Les parecía que análisis lógicos no eran más que un conjunto de enigmas, de acertijos budistas.

Los tibetanos creían que la vida existe y que yo existo, y que también existen las actividades de la vida diaria, tales como ordeñar las vacas y arar los campos. Los establos existen y existen los campos, y mis labores son mis actividades sacramentales, mis *sádhanas*. Desde el punto de vista *pön*, estas cosas existen porque debo alimentar a mis críos, debo ordeñar las vacas, debo cuidar mis cultivos, debo producir mantequilla y queso. Creo en estas verdades simples. Nuestra tradición *pön* es válida, porque considera sagrado el hecho de nutrir a los seres vivos, de extraer alimentos del suelo para dar de comer a nuestros hijos. Esas cosas muy simples existen. Para la tradición *pön*, ésa es la religión y la verdad.

Esta simplicidad se parece a lo que encontramos en la tradición indígena de Norteamérica. Matar un bisonte es un acto creativo porque alimenta a los que tienen hambre, y al limitar el crecimiento de la manada se contribuye a mantener el equilibrio. A este nivel es un planteamiento ecológico.

Hay muchísimos planteamientos ecológicos parecidos a éste, y todos son sumamente coherentes y cuerdos. De hecho, podríamos preguntarnos si en realidad este país está listo para recibir la sabiduría de Padmasambhava, puesto que algunos de sus habitantes creen en tales filosofías ecológicas mientras que otros no creen en ellas. Por un lado, están los defensores dogmáticos de estas filosofías y por otro los que las desconocen por completo. Por esa razón, uno se pregunta qué puede hacer para dialogar con esta cultura. Pero, de todos modos, esta cultura posee cierta continuidad. Todos compartimos un planteamiento básico: creemos que las cosas existen para beneficio nuestro.

Por ejemplo, creemos que el cuerpo es extremadamente importante, puesto que es la base de la mente. La mente nutre el cuerpo y el cuerpo nutre la mente. Nos parece importante mantener este intercambio de salud para nuestro propio bien, y hemos llegado a la conclusión de que la manera más fácil de llevar a cabo este ambicioso proyecto de salud es empezando por el lado menos complicado, es decir alimentando al cuerpo. Y luego no tendremos más que esperar para ver qué sucede con la mente. Cuanto menos hambre tengamos, más probabilidades habrá de que andemos de buen humor e incluso de que nos den ganas de estudiar las enseñanzas de la psicología profunda y otras filosofías.

Éste es también el punto de vista de la tradición *pön*: matemos un yak, eso nos dará más fuerza espiritual. Nuestro cuerpo estará más sano, y eso fortalecerá a la mente. Los indígenas de Norteamérica hablarían de matar un bisonte; es la misma lógica. Es algo sumamente sensato. No podemos decir en absoluto que sea una locura. Es sumamente sano y realista, muy razonable y lógico. Hay un modelo que se debe respetar, y al aplicarlo de manera respetable, éste seguirá vigente y uno podrá lograr lo que se ha propuesto.

En este país también hemos adoptado esta manera de pensar. Muchas personas prefieren seguir los cultos indígenas en vez del culto del norteamericano blanco. Según los principios de los pieles rojas, uno tiene su tierra, se construye su tipi y se relaciona con sus hijos, nietos y bisnietos. Actúa con dignidad y tiene una personalidad bien definida; no le teme a ninguna amenaza y cultiva cualidades guerreras. Luego considera la manera de criar a sus hijos, cómo enseñarles a respetar la nación. Les da una instrucción adecuada y se convierte en buen ciudadano.

Las filosofías de este tipo no han surgido solamente entre los indígenas de las Américas, sino también entre los celtas, los escandinavos precristianos, los griegos, los romanos. Forman parte del pasado de cualquier pueblo que haya tenido una religión precristiana o prebudista, fundada en la fertilidad o la ecología, entre otros los judíos, los celtas, los indígenas de las Américas. Esa manera de enfrentar las cosas —venerar la fertilidad y relacionarse con la tierra— sigue vigente hoy en día y es algo muy bello y muy poderoso. Es algo que valoro profundamente, y podría llegar a convertirme en un adepto de ese tipo de filosofía. De hecho, lo soy; soy seguidor del *pön*. Creo en el *pön* porque soy tibetano.

El hecho de creer tan profundamente en el *pön* me lleva a pensar en otro elemento que no forma parte de ese sistema orientado exclusivamente hacia la fertilidad y el cuerpo, que supone que el cuerpo nutrirá las bases psicológicas de cualquier realización superior. Y me veo obligado a cuestionarlo todo. Este cuestionamiento no implica que uno deba dejar de lado sus convicciones anteriores. Si uno sigue los principios de los indígenas norteamericanos y cree en ellos, no es necesario que se convierta a la religión del hombre blanco. Esto nos lleva a plantearnos las siguientes preguntas: ¿qué dice nuestra filosofía acerca del aspecto psicológico de la vida? ¿Qué entendemos realmente por «cuerpo»? ¿Qué entendemos realmente por «mente»? ¿Qué es el cuerpo? ¿Qué es la mente? El cuerpo es aquello que debemos alimentar; la mente es aquello que debe velar por la buena alimentación del cuerpo. Por lo tanto, la necesidad de ingerir alimentos es otro elemento más de la estructura mental global.

El problema no radica en el hecho de tener que alimentarse bien y mantenerse sano, sino en creer que existe una separación entre «yo» y «aquello». Como estoy separado de mis alimentos, estos no son yo; por lo tanto, debo consumir lo que no es yo para que pueda ser parte de mí.

La tradición *pön* del Tíbet se valía de un método místico para superar esa separación, un método basado en el principio del *advaita* o «no dos». Pero incluso aquí, a menos que nos convirtamos en la tierra misma o en el creador del universo, no lograremos superar el problema. Hay ciertas ceremonias *pön* que son un reflejo de creencias muy primitivas destinadas a superar esta separación. Se trata de crear un objeto de adoración para luego comerlo, mascarlo, tragarlo. Después de haberlo digerido, uno debe creer que uno es completamente *advaita*, «no dos». Algo parecido sucede en la ceremonia cristiana tradicional de la sagrada comunión. De partida, existe una separación entre el ser humano y Dios, o entre el ser humano y el Hijo o el Espíritu Santo. El ser humano es una entidad y ellos son otra, separada de él. Mientras uno no se haya unido a la carne y la sangre de Cristo, representadas por ciertas sustancias en las que penetra el Espíritu Santo, no logrará la unión completa con ellos. No podrá llegar a la unión completa hasta comer el pan y beber el vino. El hecho de que uno no pueda lograr la unión mientras no haga eso demuestra que incluso en ese acto subsiste la separación. Aunque el comer y el beber la eliminan, en realidad sigue presente a un nivel fundamental, y en el momento de cagar y mear uno vuelve a caer en ella. Ahí está el problema.

La idea de hacerse uno con la realidad no puede basarse en un acto físico, en este caso en la participación en una ceremonia. Para fundirme con la realidad debo abandonar la esperanza de hacerlo. Dicho de otro modo, renuncio a toda esperanza relativa a la existencia de «esto» y «aquello». No soy capaz. Me rindo. No me importa que exista «aquello» o que exista «esto»; abandono la esperanza. Esta no esperanza es el punto de partida del proceso de realización.

En el vuelo de hoy de Denver a Boston vimos un espectáculo maravilloso; una visión, se podría decir. Por la ventana se divisaba un anillo de luz reflejado en las nubes, un arco iris que nos iba siguiendo. En el centro del anillo de luz, a lo lejos, había algo que parecía un pequeño cacahuete, una sombra diminuta. Cuando empezamos a bajar y nos acercamos a las nubes, nos dimos cuenta de que aquel objeto que parecía un cacahuete era la sombra del avión, rodeada por el arco iris. Era algo bellísimo, algo realmente milagroso. Cuando nos acercamos aun más a las nubes, la sombra comenzó a agrandarse cada vez más. Empezamos a distinguir la forma completa del avión, la cola, la cabeza y las alas. Luego, cuando íbamos a aterrizar, desaparecieron el anillo de luz y la sombra. Así terminó nuestra visión.

Esto me hizo recordar cuando mirábamos la luna en una noche nublada y la veíamos rodeada de una aureola. Llegaba un momento en que nos dábamos cuenta de que no éramos nosotros los que estábamos mirando la luna, sino ella quien nos miraba a nosotros. Lo que vimos reflejado en las nubes era nuestra propia sombra. Es alucinante: ¿quién mira a quién? ¿quién engaña a quién?

La actitud que corresponde a la loca sabiduría consiste en dejar de lado la esperanza, en abandonar toda esperanza de comprender lo que fuera. No hay esperanza de llegar a saber quién hizo algo, ni cuál es la causa, ni cómo funcionan las cosas. Debemos abandonar nuestra ambición de armar el rompecabezas; abandonarla total y absolutamente, tirarla lejos, echarla a la chimenea. A menos de que abandonemos esa esperanza, esa esperanza tan preciada, no hallaremos nunca una salida.

Es como tratar de determinar quién controla el cuerpo o la mente, quién está más cerca de Dios, o más cerca de la verdad, como dirían los budistas. Los budistas dirían que el Buda poseía la verdad porque no creía en Dios. Descubrió que la verdad no depende de Dios. Pero los cristianos y otros teístas dirían que la verdad existe sólo porque existe alguien que la ha creado. Pelearse por saber cuál de esas dos polaridades es la correcta parece ser inútil a estas alturas. Es una situación sin esperanza, sin la más mínima esperanza. No entendemos nada, ni tampoco tenemos ninguna posibilidad de entender nada. Es inútil buscar algo que entender, algo que descubrir, porque al fin y al cabo no hay descubrimiento, a menos que lo provoquemos artificialmente. Y aunque descubramos algo de esta manera, después no estaríamos muy a gusto. Por encantados que estemos con el descubrimiento, sabríamos que nos hemos engañado. Sabríamos que es producto de una confabulación entre «yo» y «aquello».

Por esa razón, el primer paso hacia la loca sabiduría de Padmasambhava consiste en abandonar la esperanza, en abandonarla *por completo*. Nadie nos va a reconfortar y nadie nos va a ayudar. La idea de encontrar las raíces de la loca sabiduría o una lógica que nos permita descubrirla es una idea sin futuro. No tiene bases, por lo tanto no permite ninguna esperanza. Tampoco tiene cabida el temor, dicho sea de paso, pero es preferible no hablar demasiado de esto.

PREGUNTA: Esta no esperanza, ¿es la misma que usted describió en relación con el *shunyatá*?

TRUNGPA RÍNPOCHE: Ni siquiera la relacionaría con el shunyatá. Esta no esperanza no ofrece ninguna seguridad, menos aun que el shunyatá.

PREGUNTA: No entiendo por qué no tiene cabida el miedo aquí. Pienso que se podría sentir mucho miedo.

TRUNGPA RÍNPOCHE: Si uno no tiene esperanza, ¿cómo va a tener miedo? Si no hay nada que esperar, tampoco hay nada que perder.

P.: Si no hay nada que perder y nada que ganar, ¿para qué seguir estudiando? ¿Por qué no sentarse simplemente y tomarse una buena cerveza?

T.R.: Bueno, eso sería de por sí un acto de esperanza y de temor. Si se sienta uno a tomar una cerveza y a relajarse, y piensa: «ahora todo está bien, no hay nada que perder y nada que ganar», eso en sí es un acto de esperanza y de temor. [Es tratar de buscar una salida,] pero no hay ninguna salida.

Lo que pasa es que la falta de esperanza y de temor no es una liberación, sino una prisión aún más grande. Uno se encadena a la espiritualidad; crea su propio rollo espiritual y queda preso en él. Ésa es la otra manera de mirar todo este asunto.

P.: ¿Entonces es como una aceptación?

T.R.: No, yo no usaría un término tan filosófico como aceptación. Es algo más desesperado que la aceptación.

P.: ¿Es rendirse?

T.R.: Rendirse es una actitud desesperada. Uno se rinde cuando se encuentra arrinconado, no es algo voluntario.

PREGUNTA: Me parece que el camino consiste en jugar en el campo de batalla del sí y del no, ya que no hay salida.

TRUNGPA RÍNPOCHE: Yo no diría que es el camino, porque eso ofrece una esperanza.

P.: Pero no hay ningún otro campo de batalla en el que se pueda jugar.

T.R.: Bueno, entonces no hay ninguna esperanza, ¿no?

PREGUNTA: Hace un rato, usted insinuó que incluso el shunyatá podría ofrecer una sensación de seguridad.

TRUNGPA RÍNPOCHE: Depende de cómo se relacione uno con él. [Si vemos al shunyatá como una respuesta, podría ofrecernos alguna esperanza.] Mientras no entendamos las verdaderas consecuencias de la no esperanza, señoras y señores, no tendremos la más mínima posibilidad de entender la loca sabiduría.

P.: ¿Hay que abandonar simplemente la esperanza?

T.R.: La esperanza y el miedo.

PREGUNTA: Pero parece imposible sentarse simplemente y no hacer nada. Eso produce una cierta insatisfacción, y entonces surge naturalmente la esperanza de que esta insatisfacción desaparezca de algún modo. Por eso la esperanza parece algo muy natural y espontáneo.

TRUNGPA RÍNPOCHE: Es una lástima. De todos modos uno no saca nada. Una lástima...

P.: Sí, pero surge en todas las situaciones y no veo cómo evitarla.

T.R.: No es necesario evitarla con la esperanza de que ésa sea la actitud correcta. Pero es una lástima. Es muy simple; no hay esperanzas de ningún tipo. Si tratamos de averiguar quién está en primera y qué está en segunda², no saldremos nunca. No hay esperanza.

P.: Sí, pero la historia, el budismo y todas las tradiciones nos ofrecen esperanzas.

T.R.: Sí, pero se fundan en la no esperanza y por eso pueden ofrecernos alguna esperanza. Cuando uno abandona *por completo* la esperanza, surgen situaciones de esperanza. Pero no tenemos esperanza alguna de poder entender esto de manera lógica. No hay la más mínima esperanza. Nadie nos dará pautas ni mapas. Los mapas no harían más que decirnos: «aquí no hay esperanza, aquí no hay esperanza, aquí tampoco hay esperanza». No hay esperanza. De *eso* se trata, precisamente.

P.: La esperanza se refiere a la sensación de que puedo hacer algo, de que puedo manipular las cosas, ¿no es cierto?

T.R.: Sí. Es la sensación de que puedo conseguir algo con lo que estoy haciendo.

PREGUNTA: ¿Uno puede llegar a la no esperanza de una vez; de golpe, como quien dice...?

TRUNGPA RÍNPOCHE: No. No es como un destello repentino que nos salva, ni nada que se le parezca.

P.: Entonces es algo que cualquiera de nosotros podría intuir en cualquier momento.

T.R.: Es algo que nos sucede a todos, todo el tiempo. Pero ni siquiera eso es algo *sagrado*.

PREGUNTA: Si no hay mapa ni pautas y todo es desesperanza, ¿cuál es la función del maestro, fuera de decirnos que no hay esperanza?

TRUNGPA RÍNPOCHE: Ésa es, precisamente.

PREGUNTA: ¿Qué nos sugiere: que nos zambullamos en la no esperanza o que la cultivemos poco a poco?

TRUNGPA RÍNPOCHE: Depende de usted. Realmente depende de usted. Pero le voy a decir algo: es imposible llegar a la loca sabiduría sin la sensación de no esperanza, de *absoluta* no esperanza.

P.: ¿Hay que transformarse entonces en un pesimista empedernido?

T.R.: No, no, no. Un pesimista empedernido aún tiene esperanzas, porque ha desarrollado su propio sistema de pesimismo. Pero sigue teniendo esperanzas.

PREGUNTA: ¿Qué es la no esperanza?

TRUNGPA RÍNPOCHE: Es simplemente no tener esperanza. No tener ni el más mínimo punto de apoyo.

P.: Cuando uno se da cuenta de que está en la no esperanza, ¿ésta no pierde su autenticidad?

T.R.: Eso depende de que usted considere que la no esperanza es algo sagrado, proveniente de una religión o de una enseñanza espiritual, o de que la vea simplemente como algo que no ofrece ninguna esperanza. Depende totalmente de usted.

P.: Lo que quiero decir es que hablamos mucho de esta no esperanza, y todos empezamos a pensar que ahí está la clave y a desearla. Cuando sentimos que no tenemos esperanzas, nos decimos que vamos por buen camino. Eso le puede quitar algo de realismo.

T.R.: ¡Qué lástima! Es una lástima. Si uno considera que es un camino en el sentido que lo va a llevar a alguna parte, no funciona. No hay salida. Esa actitud es contraproducente. La no esperanza no es un truco. Va en serio, fíjese; es algo verdadero. La no esperanza es real, no es una doctrina.

PREGUNTA: Rínpoche, si es cierto lo de la no esperanza, tal vez todas nuestras ideas sobre el hinayana, mahayana y vajrayana no sean más que un tremendo rollo que nos lleva a abandonar la esperanza. Usted se refiere a menudo a la práctica del judo, en que uno usa la energía del ego para que ésta se derrote a sí misma. En este caso, en cierto sentido, usamos la energía de la esperanza para llegar a la no esperanza, para que toda esa energía se autodestruya. ¿Es algo real, o la misma idea del judo sería también parte del rollo?

TRUNGPA RÍNPOCHE: Se dice que al terminar de recorrer los nueve *yanas* a uno le queda claro que no habría sido necesario realizar el viaje. Por eso el camino se nos presenta, en cierto sentido, como un acto de no esperanza. El viaje no era necesario. Es como morderse la cola y seguir comiendo hasta comerse la propia boca. A eso podríamos compararlo.

P.: Me parece que para avanzar no hay que prestarle atención a las advertencias. Aunque me digan que no hay esperanza, sólo puedo seguir adelante si pienso que hay esperanza. ¿Por qué sentarme a meditar? ¿Por qué no simplemente salir a jugar? Todo parece una paradoja, pero bueno, vale, sigo adelante. Aunque me digan que no hay esperanza, tengo que fingir que sí hay.

T.R.: Ése también es un acto de esperanza, que en sí mismo está desprovisto de esperanza; se come a sí mismo. En otras palabras, uno piensa que con engaños puede acortar el camino siendo un caminante avispado, pero luego se da cuenta de que uno mismo es el camino, porque uno lo va haciendo. Así que inevitablemente va a recibir una lección muy convincente acerca de la no esperanza.

P.: Me parece que la única manera de recibir esa lección es seguir jugando el juego.

T.R.: Eso depende de usted. También podría tirar la esponja. Puede elegir. Está ante una disyuntiva muy clara, y las dos opciones se podrían llamar *realización súbita* y *realización gradual*. Así que todo depende enteramente de usted, de que renuncie a la esperanza ahora mismo o que siga jugando el juego, improvisando todo tipo de diversiones nuevas. De modo que cuanto antes abandone la esperanza, mejor.

PREGUNTA: Pienso que uno puede soportar la no esperanza por un tiempo limitado. Llega un momento en que uno simplemente no aguanta más y aprovecha cualquier distracción para darle la espalda.

TRUNGPA RÍNPOCHE: Depende de usted.

P.: ¿Debería uno forzarse constantemente, una y otra vez, para...?

T.R.: Bueno, eso es lo que pasa a lo largo de la vida.

PREGUNTA: Si la situación general es de no esperanza, ¿qué nos lleva a matar un solo bisonte para alimentar a nuestra familia o a matar quinientos para decorar las paredes con sus cabezas?

TRUNGPA RÍNPOCHE: Ninguna de las dos posibilidades ofrece esperanza alguna. En ambas lo que uno pretende es sobrevivir, y eso es una esperanza. Por lo tanto, ninguna ofrece esperanzas. Tenemos que aprender a trabajar con la no esperanza. La religión no teísta es un planteamiento sin esperanza que consiste en no creer en nada. Y la religión teísta es una religión de esperanza, porque cree en la separación del yo y del pezón que amamanta al yo, por decirlo así. Siento mucho ser tan vulgar, pero así funciona, a grandes rasgos.

PREGUNTA: Usted dijo que no hay Dios y que no hay yo. ¿Existe lo que se llama el yo verdadero? ¿Existe algo fuera de la no esperanza?

TRUNGPA RÍNPOCHE: Déjeme recordarle que todo esto es una preparación para la loca sabiduría, que no conoce más verdad que ella misma. Desde ese punto de vista no hay un yo verdadero, porque cuando hablamos del yo verdadero o de la naturaleza búdica, estamos ratando de adoptar una actitud positiva, algo que nos haga creer que todo anda bien. Esa posibilidad no existe en la no esperanza.

PREGUNTA: La no esperanza me parece une reformulación de la idea de dejar de protegerse, de dejar de tratar de mejorar la situación. Según nuestro concepto estereotipado de la realización, en el momento en que dejamos de protegernos y mejorarnos empieza el entendimiento real. ¿A eso se refiere?

TRUNGPA RÍNPOCHE: Ese proceso no nos ofrece ninguna promesa de ninguna especie, nada en absoluto. Consiste en renunciar a todo, incluso al yo.

P.: Entonces la no esperanza lo coloca a uno en el aquí y ahora.

T.R.: Muchísimo más que eso: no lo coloca en ninguna parte. Uno no tiene ninguna base sobre la cual descansar, ninguna. Está totalmente solo. Y no puede ni siquiera considerar la soledad como un hogar, porque está tan solo y tan absolutamente sin esperanzas que ni siquiera la soledad le ofrece refugio. No hay ninguna esperanza en ninguna parte. Ni aun en la no esperanza *misma*. [El autor chasquea los dedos al decir la palabra «misma».] Uno queda sin nada, sin la más mínima esperanza, sin nada en absoluto. Cualquier energía que busque perpetuarse a sí misma no tiene esperanza alguna.

PREGUNTA: Si la energía que perpetúa al yo, que forma una especie de cascarón en torno al yo, deja de fluir, ¿se pierde simplemente cuando desaparece la diferencia entre ella y lo que la rodea?

TRUNGPA RÍNPOCHE: No ofrece ninguna seguridad. Cuando hablamos de la no esperanza, significa literalmente que no hay esperanza. Aquí la noción de esperanza es esperanza, es decir lo contrario de pérdida. Es imposible conseguir algo a cambio [de lo que uno abandona]. Absolutamente imposible. Ni siquiera se puede conseguir la no esperanza.

P.: ¿Se ha perdido a sí misma?

T.R.: Exactamente, se ha perdido a sí misma.

P.: Esa falta de una base parece ser algo más que no esperanza. Quiero decir que en la no esperanza todavía subsiste la sensación de que hay *alguien* que no tiene esperanza.

T.R.: Incluso eso es sospechoso.

P.: ¿Y qué sucede con la base? Es como si desapareciera... No entiendo.

T.R.: La base también es no esperanza. La base tampoco tiene solidez.

P.: Entiendo lo que dice. Usted quiere decir que mire por donde uno mire...

T.R.: Exacto. Queda anonadado por la no esperanza. Por todos lados. Totalmente. Completamente. Profusamente. Uno se convierte en una situación claustrofóbica de no esperanza.

Cuando hablamos de esa sensación de no esperanza, nos referimos a la *vivencia* de no tener una base. Estamos hablando de la vivencia. Hablamos de una vivencia, que es como un hilito que lo recorre todo. Nos referimos a la vivencia de la no esperanza. Es una vivencia que no se puede olvidar ni rechazar. Puede rechazarse a sí misma, pero eso no elimina la vivencia. Es simplemente una especie de hilo que lo recorre todo. Se me ocurre que podríamos profundizar esta idea cuando hablemos de la *vivencia de la vivencia* se-

gún Padmasambhava. Pero el hecho de que esto sea la vivencia de la vivencia según Padmasambhava no significa nada.
Sigue sin haber esperanza alguna.

PREGUNTA: Tengo la impresión de que lo que usted
dice es que cuando no hay esperanza, hay inteligencia. Y
cuando uno cree que hay una esperanza, surge la ignorancia.

TRUNGPA RÍNPOCHE: No estoy de acuerdo, cariño.
No hay ninguna esperanza.

PREGUNTA: Cuando usted habla de la no esperanza, me
suena absolutamente deprimente. Y me parece que sería muy
fácil dejarse abrumar por la depresión hasta el punto de refu-
giarse uno en su cascarón o en la locura.

TRUNGPA RÍNPOCHE: Depende de usted. Depende absolutamente de usted. De eso se trata.

P.: ¿Hay algo...?

T.R.: Mire, lo importante aquí es que no estoy creando
un modelo absoluto de la no esperanza, lleno de todo tipo
de mecanismos sutiles y complejos, con la intención de pre-
sentárselo y pedirle que lo trabaje. El único modelo que
existe es nuestra bondad y nuestra no esperanza. Si yo in-
ventara algo, sería solamente un truco, no sería real. En
cambio, esa no esperanza es nuestra, es nuestro mundo,
nuestro patrimonio familiar, nuestra herencia. Esa no esperanza está presente en nuestra existencia y en nuestra psicología. La cuestión es sacarla al aire tal cual. Pero aun así no
tiene esperanza. Por mucho que la llenemos de esperanzas,
no tiene esperanza. Y yo no puedo rehacerla, remodelarla,
ni reformarla en absoluto. No es como cuando un candidato
político va a salir en la televisión, y sus ayudantes le empol-
van la cara y le pintan los labios para que se vea más presentable. Es imposible hacerlo. En este caso no hay ninguna
esperanza, ni la más mínima. Ustedes tienen que hacerlo a
su manera.

PREGUNTA: ¿Es posible que alguien se dé cuenta de
que no hay esperanza y no pierda la alegría?

TRUNGPA RÍNPOCHE: Bueno, lo que quiero decir es que puede haber todo tipo de situaciones sin esperanza, pero todas son una expresión de la no esperanza. Me parece que lo que usted describe podría suceder, pero dígame, ¿a quién está tratando de engañar?

PREGUNTA: Cuando Naropa tuvo sus visiones y se le presentó la posibilidad de saltar por encima de la perra o relacionarse con ella,[3] ¿es la misma situación de «sí o no» que acaba de describir?

TRUNGPA RÍNPOCHE: Sí. Yo diría que sí.

P.: ¿Y la no esperanza de Naropa al final...?

T.R.: El estado de no esperanza de Naropa antes de ver a su guru era absoluto. Es totalmente imposible entender la vida de Padmasambhava sin llegar a sentir la no esperanza.

Notas

1. «Nacimiento simultáneo» se refiere a la noción tántrica de la coemergencia, o sabiduría coemergente (en tibetano: *lhenchik kyepe yeshe*). El samsara y el nirvana surgen juntos, dando nacimiento a la sabiduría de manera natural.

2. Alusión a un número de vodevil de los famosos humoristas Abbott y Costello, basado en un malentendido. En un partido de béisbol, uno de los jugadores se llama Quién, otro se llama Qué, un tercero se llama Él, etc. Uno de los personajes del sketch ha visto el partido e intenta explicarle al otro quién ha hecho qué cosa, pero éste se enreda completamente y no entiende nada. (*N. del T.*)

3. Alusión a un incidente de la vida de Naropa, gran maestro indio del siglo XI y uno de los padres del linaje kagyü del budismo tibetano. Un día que andaba Naropa desesperado buscando a su propio guru Tilopa, vio a una perra enferma echada en el camino. La perra estaba cubierta de llagas infestadas de gusanos y larvas, y presentaba un aspecto repugnante. Naropa quiso esquivarla saltando por encima de ella, pero se lo pensó dos veces y, venciendo su asco,

decidió en cambio aliviarla sacándole los gusanos con la lengua. En aquel momento la perra desapareció y Naropa tuvo una visión de Tilopa. Véase también la nota 4 en el capítulo 3 de este segundo seminario. (*N. del T.*)

2. LA NO ESPERANZA
Y EL TRIKAYA

La sensación de no tener esperanza es el punto de partida para relacionarnos con la loca sabiduría. Si logra destruir los objetivos no realistas, entonces la falta de esperanza se transforma en algo más preciso, porque no estamos tratando de inventar nada que no exista. De esta manera, la no esperanza podría ser nuestro acercamiento básico a la no dualidad.

La falta de esperanza se relaciona directamente con el nivel práctico de nuestra vida cotidiana. En el nivel práctico, la vida no encierra ninguna filosofía o experiencia mística sutil. Simplemente es. Si logramos ver el *así es* de la vida[1], como quien dice, tendremos una sensación de logro. Tendremos la experiencia de la realización súbita. Sin la sensación de no esperanza no es posible que surja la realización súbita. Sólo el hecho de abandonar nuestros proyectos nos permite alcanzar el estado más absoluto, acabado y positivo, que es el hecho de darnos cuenta de que somos ya seres realizados, aquí mismo y ahora mismo.

Si examinamos este estado en detalle, podemos decir que incluso la vivencia de la naturaleza búdica es una vivencia, y por ende se relaciona con el aspecto samsárico o confuso de nuestro ser, pues toda vivencia depende de que haya algo que vivenciar. La vivencia implica una noción de dualidad:

uno tiene una vivencia y se relaciona con ella. Y se relaciona con ella como algo que no forma parte de uno; existe una separación entre uno y la vivencia. Uno se está relacionando con un objeto, que es la vivencia.

A pesar de que subsiste la noción de separación, de dualidad, no deja de tratarse de una vivencia del estado despierto, de la realización del buda dentro de uno. Comenzamos a darnos cuenta de que existe un espacio entre la vivencia y la proyección de ésta. Se produce un proceso en el que nos esforzamos por conectarnos siempre con nuestros aspectos sanos. Y el hecho de hacer dicho esfuerzo, de relacionarnos con eso, permite que se produzca esa sensación de espacio.

Es como cuando uno está a punto de decir algo. Primero vivencia lo no dicho, siente el espacio de lo que aún no ha dicho. Siente el espacio y luego dice lo que va a decir, lo que pone de relieve el espacio, de una manera u otra, y le da una perspectiva concreta. Para expresar el espacio tenemos que ponerle límites.

Esa sensación de apertura que se produce cuando estamos a punto de decir algo o de vivenciar algo es una sensación de vacuidad. Es la sensación de un vacío fértil, fecundo. Esa vivencia de la vacuidad es el dharmakaya. Para que algo pueda nacer, tiene que haber un lugar que lo acoja. La sensación de que algo aún no ha nacido, que se produce antes del nacimiento, es el dharmakaya.

El dharmakaya es un estado libre de condiciones. Uno ya ha dado el salto. Cuando finalmente se resuelve a dar el salto, ya lo ha dado. El salto mismo es, en cierta forma, repetitivo o redundante. Cuando uno se decide por fin a saltar, ya ha saltado. Estamos hablando de una sensación de espacio en la que el salto, el nacimiento, ya ha ocurrido, a pesar de que aún no se manifiesta. Aún no se manifiesta, pero ya podemos dar por sentado que se manifestará. En el estado mental que precede inmediatamente a la acción —tomarnos una taza de té, por ejemplo—, ya nos hemos tomado el té antes de tomárnoslo. Y ya hemos dicho cosas antes de decirlas realmente en el plano de la manifestación.

Ese suelo fecundo, embrionario y fértil que surge a cada instante en nuestra psiquis también está libre de condicionamientos [además de estar gestando algo]. No está condicionado por mi ego, por la mente dualista, por mis actos, mi amor, mi odio, etc. No está condicionado por nada de eso. De modo que en nuestra psiquis surgen constantemente destellos no condicionados.

El estado del dharmakaya es el punto de partida de Padmasambhava, su ámbito. La manifestación embriónica aquí es el *dharma*, el dharma de las posibilidades que ya se han dado, de los fenómenos existentes que existen en la inexistencia. Es una sensación de fertilidad, una plenitud total y, sin embargo, es intangible en nuestra vida cotidiana. Antes de que surjan las emociones, éstas se han ido preparando. Y antes de que actuemos, están los preparativos de la acción. Esa sensación de espacio ocupado, de espacio que existe por sí solo, es el dharma. Y *kaya* significa forma o cuerpo; es la afirmación de que el dharma existe en realidad. El cuerpo del dharma es el dharmakaya.

Luego tenemos el segundo nivel de manifestación de Padmasambhava en nuestra psiquis, que es el sambhogakaya. Es un estado límite entre la plenitud y la vacuidad. Uno siente que la plenitud adquiere validez porque es vacuidad. Dicho de otra manera, es una especie de afirmación de la existencia de la vacuidad. Está el espacio en el que van surgiendo las emociones, en el que la rabia está a punto de estallar, o ya ha estallado, pero aún falta un impulso hacia delante, hacia el nacimiento final. Ese impulso es el sambhogakaya. *Sam* significa «completo» y *bhoga* significa «goce». En este caso, goce significa ocupación o energía; no se trata de gozo o placer por oposición a dolor. Es un quehacer, una acción que existe porque sí, emociones que existen porque sí. Pero a pesar de que existen para sí mismas, no tienen raíz en el plano de la validez fundamental. No hay validez fundamental y, sin embargo, las emociones surgen de la nada; su energía fluye y brilla sin cesar.

Luego está el nirmanakaya. *Nirmana* en este caso significa emanación o manifestación; es manifestación plena, el último toque. Es como cuando ya ha nacido un niño y la partera le corta el cordón umbilical para asegurarse de que está separado de sus padres. Ya es un ser independiente. Esto se puede comparar con las emociones que irrumpen en un mundo externo que expresa su fascinación. A estas alturas, el objeto de pasión o de agresión o de lo que sea aparece como algo muy poderoso y muy definido.

Esto no quiere decir que debamos dar rienda suelta a las emociones; por ejemplo, que nos dejemos dominar por la rabia y matemos a alguien o que recurramos a la pasión para seducirle. Aun así, sentimos que la emoción ya se ha producido antes de abrir la boca o hacer un gesto; las emociones ya se han definido y han dejado de formar parte de nosotros. Hemos cortado oficialmente el cordón umbilical que nos unía a ellas. Las emociones ya se han producido en el plano externo, ya se han convertido en un satélite, en un satélite nuestro, una entidad independiente. Ha culminado su manifestación.

Cuando hablamos de rabia, de pasión y de desconocimiento o estupor, o de cualquier otra emoción, no lo hacemos desde un punto de vista moral, del bien y el mal. Estamos hablando de emociones que tienen una carga fortísima, tremenda, que es la energía de su propia intensidad. Podríamos decir que nuestra vida tiene esa enorme intensidad en todo momento: la intensidad de estar aburrido, de estar enojado, de estar enamorado, de sentirse orgulloso, de sentir celos. Nuestra vida está compuesta por todos estos tipos de intensidad y no por las virtudes y pecados que surgen de ellas.

Estamos hablando de la esencia de Padmasambhava. La intensidad de Padmasambhava se manifiesta constantemente en nuestra vida en el proceso de dar a luz; primero hay una sensación de espacio, luego surge su manifestación y finalmente se acaba esa manifestación. Es un proceso triple: el dharmakaya es el espacio embrionario, el sambhogakaya es el movimiento hacia delante y el nirmanakaya es su manifestación definitiva y real. Todas estas situaciones son la intensidad de Padmasambhava.

Antes de analizar los ocho aspectos de Padmasambhava, me parece importante que entendamos los tres principios del trikaya. A menos que entendamos las sutilezas de las energías que se desplegaron en la vida de Padmasambhava, no tenemos la menor posibilidad de entender su vida. Si no entendemos el trikaya, podríamos pensar que cuando Padmasambhava se manifiesta en sus distintos aspectos es como una persona que viste diferentes trajes y se presenta sucesivamente como ejecutivo, cazador, yogui, letrado, etc. Pero no es así. No es como una persona que cambia de disfraz; es algo que se relaciona con la intensidad de la vida.

Cuando hablamos de Padmasambhava, no nos referimos únicamente a un personaje histórico: «érase una vez un hombre llamado Padmasambhava, que nació en la India...». En el fondo, eso no tendría sentido. Si adoptáramos esta actitud estaríamos simplemente dando una clase de historia. En cambio, lo que estamos tratando de hacer aquí es decir que Padmasambhava es nuestra propia vivencia. Estamos intentando relacionarnos con lo que tenemos de Padmasambhava en nosotros, en nuestro propio ser, y que tiene tres componentes: el dharmakaya o espacio abierto; el sambhogakaya o energía que avanza; y el nirmanakaya o manifestación tangible.

A estas alturas nos podríamos preguntar: «se supone que estamos hablando de la loca sabiduría. ¿Qué tienen de loco estas cosas? Se produce una energía, está el espacio... ¿Qué tiene de extraño, de loco o de sabio todo esto?» Nada, en realidad. No tiene nada de loco ni de sabio. Lo único que tiene de extraordinario es que da la casualidad de que es cierto.

Padmasambhava nos contagia, nos invade. Todo nuestro ser está imbuido de Padmasambhava, de modo que cuando tratamos de verlo como alguien externo, como un personaje que vive en una montaña color cobre en una isla remota en la costa de la India, no tiene ningún sentido.

Sería sumamente fácil entenderlo de esa otra manera para alimentar nuestra ambición. Nos entrarían ganas de ir al lugar donde está y averiguar si se trata de un personaje puramente mítico o si realmente existió. Podríamos ir en avión o en barco; podríamos explorar los lugares donde se dice que Padmasambhava aún vive. Tratar de invocar a Padmasambhava incorporarlo a nuestro ser desde fuera es como esperar a Godot. No llega nunca.

En el Tíbet existió un gran *siddha*² llamado «el loco de Tsang». Vivía en Tsang, en el Tíbet oriental, cerca de una montaña llamada Amñe Machen. Allí lo visitó un día mi guru, Jamgön Kongtrül. Eso sucedió unos cinco años antes de que yo conociera a mi guru. Solía contarnos la historia de su encuentro con el loco de Tsang, un campesino común y corriente que había logrado la esencia de la loca sabiduría. Dicen que tenía un tesoro, sacos y sacos llenos de objetos preciosos. Pero resultó que los sacos sólo contenían pedazos de madera y rocas. Mi guru nos dijo que le preguntó al loco de Tsang: «¿qué debe uno hacer para unirse a Padmasambhava?»

El loco le contestó: «cuando yo era un joven estudiante y un budista muy devoto y creyente, quería que mi cuerpo se fundiera con el cuerpo de Padmasambhava. Hice innumerables recitaciones, miles y millones de mantras e invocaciones. Casi morí de tanto gritar los mantras. Incluso llegué a pensar que respirar durante las recitaciones era perder el tiempo. Invocaba a Padmasambhava una y otra y otra vez, tratando de que mi cuerpo se hiciera uno con el suyo. Hasta que un día, de repente, me di cuenta de que *soy* Padmasambhava, de que mi cuerpo *es* él. Me podría desgañitar invocándolo, pero no sacaría nada. Así que decidí dejar de invocarle.

Entonces descubrí que Padmasambhava me estaba invocando a *mí*. Traté de hacerle callar, pero no pude; Padmasambhava clamaba por *mí*, no dejaba de llamarme.

Yo diría que estamos tratando de describir una situación análoga: en vez de buscarlo fuera nosotros, él nos está buscando dentro. Para que estas cosas sean reales en nuestras vidas, para que sean algo común y corriente, me parece necesario que tengamos una cierta convicción. Tenemos que darnos cuenta de que hay una energía que está siempre presente y que esa energía contiene la totalidad. Esa energía no es dualista ni es interdependiente; es una energía que existe por sí sola y que está en nosotros. Sentimos pasión, sentimos agresión; tenemos nuestro propio espacio, nuestra propia energía. Ya está ahí. No depende jamás de lo que suceda. Es absoluta y perfecta e independiente. Es libre de toda forma de relación.

Eso parece ser lo esencial con respecto a Padmasambhava. El principio de Padmasambhava consiste en dejar de lado todas las ideas y teorías especulativas, y toda observación de uno mismo. Es la experiencia directa de las emociones y de la vivencia, pero sin observador. Como ya somos buda, ya somos Padmasambhava. El adquirir esa confianza, ese *orgullo vajra*, nos abre nuevas posibilidades. No es difícil imaginarse que cuando uno sabe perfectamente qué es y quién es, puede explorar el resto del mundo, porque ya no es necesario explorarse a sí mismo.

PREGUNTA: Rínpoche, si el dharmakaya es un estado grávido, un estado fértil, ¿significa que no existe ningún dharmakaya completamente vacío que no se aplique a nada? ¿Quiere decir que el dharmakaya siempre conlleva una noción de aplicación?

TRUNGPA RÍNPOCHE: Lo que sucede es que el dharmakaya en este caso se asemeja a la vivencia. Es absolutamente diferente del *dharmadhatu*, del dharmadhatu más amplio. Cuando uno se refiere a él usando los términos *dharma* y *kaya*, ya está condicionado en cierta medida. Está condicionado porque ya está fecundado[3].

P.: ¿Eso significa que el dharmadhatu es teórico, que es simplemente un trasfondo teórico?

T.R.: Yo no diría ni siquiera que es teórico. Apenas se le puede dar un nombre. Hablar del dharmadhatu nos hace más conscientes de nosotros mismos, lo que hace que el dharmadhatu también se vuelva consciente de sí mismo[4]. Mejor dicho, cuando inventamos palabras para describirlo, el dharmadhatu se vuelva más consciente de sí mismo desde nuestro punto de vista.

P.: Desde el punto de vista de la vivencia, ¿el dharmadhatu es diferente del dharmakaya?

T.R.: Sí. El dharmadhatu no es una vivencia.

P.: Y ése es el espacio en que los kayas...

T.R.: Se producen. Exactamente. El dharmakaya ya es vivencia. El dharmakaya se describe en tibetano con la expresión *tangpo sanggye*, que significa «buda primordial», el buda que no se convierte en buda a través de la práctica, sino que es realización instantánea. Ése es el no dualismo del dharmakaya, mientras que el dharmadhatu es una total receptividad desprovista de identidad propia.

La verdad es que el dharmakaya es, en cierta medida, una especie de credencial. Alguien tiene que tener una credencial de algún tipo para ser dharmakaya. Por eso es fecundo. Pero no debemos considerar esa noción de credencial de manera peyorativa o negativa. Los fenómenos apasionantes que ocurren en el mundo samsárico son parte de esa manifestación. El dharma mismo, en cuanto enseñanza, es parte de ella; las enseñanzas no existirían si no hubiera alguien que enseñara. Eso es lo que pasa.

P.: ¿Qué tiene que ver Padmasambhava con el dharmadhatu?

T.R.: Nada.

P.: Entonces, ¿cuál es la diferencia entre la noción de potencial en el dharmakaya, de fecundidad, y la noción de expectativas según el budismo, en el sentido negativo de deseo, de esperar algo con mucha ilusión? Dicho de otra manera, usted se ha referido al dharmakaya como una especie de potencial, como si uno ya se hubiera bebido el té antes de bebérselo. ¿En qué difiere eso del hecho de tener ansias de tomarse una taza de té?

T.R.: No hay ninguna diferencia. Si observamos la avidez objetivamente, veremos que en realidad contiene mucho espacio. Pero por lo general la consideramos como una afrenta que recibimos, y por eso mismo se convierte en una afrenta. Sin embargo, la avidez en sí misma contiene mucho espacio. Es una interrogación vacía, llena de espacio. Es el dharmakaya mismo.

P.: ¿Hay un ímpetu que impulse al dharmakaya más allá de lo potencial, de lo grávido, hacia el punto en que empieza a moverse realmente, a transformarse en algo?

T.R.: El ímpetu ya está porque ya hay una vivencia. El ímpetu comienza cuando uno considera a la vivencia como algo *vivenciable*. El ímpetu ya está ahí, así que el dharmakaya es parte de esa energía. Por eso los tres kayas están conectados con la energía. Hay una energía más transparente, una energía del movimiento y una energía de la manifestación. Los tres kayas forman parte de esa energía. Por eso se los llama kayas.

P.: Tengo la impresión de que dentro del espacio fecundo del dharmakaya están también el sambhogakaya y el nirmanakaya.

T.R.: Así es.

P.: Si en el paso del dharmakaya al nirmanakaya la manifestación termina siendo algo samsárico, y esa manifestación se fue gestando en el dharmakaya, me parece entonces que hay un factor samsárico que forma parte del dharmakaya. Por ejemplo, cuando nos tomamos la taza de té antes de tomárnosla realmente, esa vivencia está determinada en parte por el condicionamiento de nuestras vivencias pasadas como bebedores de té.

T.R.: En realidad, cuando hablamos de Padmasambhava, lo más importante es que Padmasambhava es el principio del trikaya, que combina el samsara y el nirvana; ambos intervienen simultáneamente, de modo que todas las condiciones y todos los condicionamientos son válidos.

Por lo que respecta a la vivencia, a estas alturas el samsara y el nirvana son uno en la vivencia. Lo que nos interesa es que se trata de una energía absolutamente libre. No está condicionada ni tampoco es incondicionada; su existencia es absoluta a su manera. Por lo tanto no necesitamos tratar de validarla convenciéndonos de que no contiene ningún elemento samsárico. Sin ese elemento [samsárico], no tendríamos con qué volvernos locos. No olvidemos que estamos hablando de la loca sabiduría.

P.: ¿Cuál es el papel del nirmanakaya?

T.R.: La sensación de relacionarse con el té como un objeto externo, lo que equivale a cortar el cordón umbilical. El nirmanakaya consiste en establecer una relación con el té como si el té tuviera una «teidad» externa. Pero eso no significa que tengamos que traducirlo en un acto físico, sino que hay tres tipos de concreciones de la vivencia relacionadas con el té, tres estados de la mente.

P.: ¿De manera que el nirmanakaya es una especie de «idad»?

T.R.: Sí, es la «tacidad» de la taza, la «teteridad» de la tetera y la «teidad» del té.

P.: ¿Y qué es el sambhogakaya?

T.R.: El sambhogakaya es una sensación de leve separación, por oposición a la idea abstracta de tomar té. Hay una transición.

P.: Cuando vivencio la «teteridad» y la «tacidad», me da la impresión de que podrían aislarse del proceso global del nacimiento, del proceso vivencial del que surgieron.

T.R.: Es algo que ya ha sucedido. El estado fecundo ya es una declaración de separación, y dar a luz es una expresión más acabada de la separación. La afirmación final consiste en cortar el cordón umbilical; es el estado final de la separación.

P.: ¿Y uno acepta plenamente esa separación?

T.R.: Sí. De lo contrario, la situación se vuelve muy confusa a nivel de nuestro vínculo con el nirvana, o como queramos llamarlo: cordura, nirvana...

PREGUNTA: No entiendo qué tiene que ver esto con la no esperanza. No veo qué relación tiene esta charla con la anterior.

TRUNGPA RÍNPOCHE: Bueno, la no esperanza proviene del hecho de que el proceso que estamos describiendo no nos ofrece ningún consuelo. Podemos decir que existen el dharmakaya, el sambhogakaya y el nirmanakaya, y que cada uno tiene su función. ¿Y eso de qué sirve? Sigue sin haber una receta para alcanzar la felicidad. No tiene nada que ver con conseguir la felicidad, la bondad o la tranquilidad en nuestra vida, ni nada por el estilo. Sigue siendo una situación sin esperanza.

Seamos realistas; por más que conozcamos al dedillo el dharmakaya, el sambhogakaya y el nirmanakaya, ¿de qué nos sirve? Sólo para comprender el principio de la energía, y la independencia y la fuerza de nuestra energía. Pero aparte de eso no hay una receta médica. Sigue sin haber esperanza.

PREGUNTA: Rínpoche, ¿el ver las cosas tal cual son aún es algo vivencial?

TRUNGPA RÍNPOCHE: Sí. Podríamos decir que ver las cosas tal cual son no encierra todavía bastante locura.

PREGUNTA: Rínpoche, usted describió el paso del dharmakaya al sambhogakaya y de éste al nirmanakaya como un movimiento de la energía desde dentro hacia fuera. ¿Se podría invertir el proceso? ¿La energía puede pasar también del nirmanakaya al sambhogakaya y de éste al dharmakaya?

TRUNGPA RÍNPOCHE: Eso también sucede constantemente. Se podría decir que la energía se recicla. No tiene nada de especial.

PREGUNTA: Usted dijo que tenemos la posibilidad de elegir entre la realización gradual y la realización súbita.

TRUNGPA RÍNPOCHE: Sí.

P.: Y sin embargo la no esperanza está siempre presente.

T.R.: Sí.

P.: ¿Qué puede hacer uno entonces?

T.R.: Tradicionalmente se dice que la meta es el camino y el camino es la meta. Uno realiza el viaje, llega a su destino, y al llegar surge otra pregunta: ¿cómo seguir avanzando? De ese modo, cada meta se convierte en el camino. Sobre todo desde el punto de vista tántrico, en el que uno no logra nada que no sea camino. El logro es descubrir el camino. ¿Entiende lo que quiero decir?

P.: ¿Y qué tiene eso de repentino?

T.R.: Siempre es repentino.

P.: ¿En todo momento?

T.R.: Sí, en todo momento. Hasta que uno renuncie al camino —y a la meta—, la realización súbita se va produciendo a cada instante. Por lo tanto, lo único súbito y *definitivo* que se produce es el tener que abandonar los descubrimientos súbitos. Es muy impresionante. Y muy repentino.

P.: Pero ese destello repentino que se produce todo el tiempo, ¿es, según usted, diferente del camino gradual?

T.R.: Sí, claro. Desde ese punto de vista, en el camino gradual la meta es la meta y el camino es la doctrina. Y en el camino súbito el camino es la meta y la meta también es el camino. No hay lugar para la doctrina. Lo que hay son vivencias personales en todo momento. Si tuviéramos que dar una definición de la diferencia entre la realización súbita y la realización gradual similar a la del diccionario Oxford de la lengua inglesa, podría ser ésa.

PREGUNTA: Rínpoche, el proceso de solidificación que

se da en el paso del dharmakaya al nirmanakaya y la actitud con respecto a ese proceso, ¿se aplican también en el plano psicológico al proceso de proyección, al hecho de que nuestras proyecciones se van solidificando cada vez más y a nuestra actitud con respecto a eso?

TRUNGPA RÍNPOCHE: Naturalmente. La misma existencia de los tres kayas es una especie de proyección en la que uno crea sus propias proyecciones. En otras palabras, la existencia misma del dharma es, en sí, una proyección. Tanto la locura como la cordura son proyecciones. Y como todo ocurre así, todo se convierte en proyección y solidez a la vez.

PREGUNTA: A propósito del hombre que veneraba a Padmasambhava con mantras y recitaciones, no estoy seguro de haber entendido bien. Ese tipo de práctica devocional, ¿es una simple pérdida de tiempo o tiene algún valor?

TRUNGPA RÍNPOCHE: Bueno, ambas cosas vienen a ser lo mismo, en cierto modo. Para que el tiempo adquiera valor, primero hay que perder el tiempo y eso contribuye a que uno lo valore.

P.: ¿Así que estaba perdiendo el tiempo?

T.R.: Pero le sirvió para entender algo. Terminó por darse cuenta de que perdía el tiempo, gracias a que perdió el tiempo.

P.: ¿Eso es todo?

T.R.: Sí.

P.: A mí no me suena en absoluto como una pérdida de tiempo.

T.R.: Depende de usted. Eso es lo que estoy diciendo.

PREGUNTA: Cuando dice que jamás habría sido necesario emprender el viaje, ¿lo dice en serio? ¿No tenemos por qué emprenderlo?

TRUNGPA RÍNPOCHE: Pero entonces no sabría lo que es el viaje.

P.: ¿Y por qué tenemos que saberlo?

T.R.: Para darnos cuenta de que no fue necesario hacerlo. Es una malla sin costuras.

PREGUNTA: ¿Hay un cierto determinismo en el dharma-kaya? ¿La progresión del dharmakaya al sambhogakaya y al nirmanakaya es inevitable?

TRUNGPA RÍNPOCHE: Yo diría que el único determi-nismo en el dharmakaya es probablemente la conciencia de su propia existencia, de su propia fecundidad. Y ésa es la primera manifestación de la dualidad.

PREGUNTA: ¿Qué relación hay entre los tres kayas y el campo crematorio que usted describió anteriormente? ¿Hay alguna relación?

TRUNGPA RÍNPOCHE: Cada vez que uno genera una manifestación, va creando su propio material, desde el pri-mer momento. El dharmakaya crea su propia existencia y crea también su propio entorno. El entorno es el campo cre-matorio, un lugar de disolución y un lugar de manifestación.

PREGUNTA: No siento que haya una gran diferencia en-tre el sambhogakaya y el nirmanakaya. El dharmakaya pare-ce ser como una madre, por decirlo así, y el sambhogakaya parece ser como dar a luz, como la primera expresión. Y no veo en qué momento se da el paso final del sambhogakaya al nirmanakaya. Yo diría que ambos representan, de cierta ma-nera, algo acabado.

TRUNGPA RÍNPOCHE: Bueno, se podría decir que el sambhogakaya consiste en reconocer la energía, mientras que el nirmanakaya es llevarla a la práctica, por ejemplo cor-tar el cordón umbilical en la analogía que les di. Aparte de eso, no hay ninguna diferencia.

P.: Pero usted dijo que el sambhogakaya equivalía a dar a luz. Eso también me parece bastante definitivo.

T.R.: El sambhogakaya consiste en reconocer la energía en el sentido de la receptividad de la realidad. Es reconocer que las proyecciones son algo ajeno, definitivamente ajeno. Y luego, lo que uno hace con la separación, con las proyec-ciones, pertenece al nirmanakaya. Podríamos decir que el nirmanakaya son los asuntos domésticos, es manejar los problemas más concretos de la casa, mientras que el sambhoga-kaya es como casarse primero para así poder crear esos problemas. Y el dharmakaya es como el cortejo: ya contiene esas posibilidades, está lleno de posibilidades de todo tipo.

P.: Me pareció entender que este proceso del trikaya, visto en el contexto del yo, sería samsárico, mientras que en el contexto del dharmadhatu sería nirvánico.

TRUNGPA RÍNPOCHE: No hemos hablado del aspecto nirvánico. Por un lado, sería demasiado idealista; y por otro, sería inexacto, ya que nunca lo vemos. Así que por el momento estamos hablando de la realización desde el punto de vista samsárico.

P.: ¿Por qué no lo vemos?

T.R.: Aún queremos recibir respuestas y sacar conclusiones, lo que es una vivencia de la separación, es decir algo samsárico. Uno aspira a la lógica, y la lógica depende de la mente samsárica.

P.: El proceso de los tres kayas parece ser otra forma de entender lo mismo a que se refieren los doce nidanas, los seis mundos de la existencia y los diferentes pardos[5]. ¿Es cierto?

T.R.: Sí, es lo mismo.

Notas

1. Es decir, si logramos ver las cosas tal cual son, comprender la realidad práctica tal cual es. Los neologismos ingleses *isness* (de *is*, «es», y el sufijo *-ness*, «idad») y *suchness* (de *such*, «tal», y el mismo sufijo), empleados por el autor, plantean un problema de traducción. Equivalen al sánscrito *tathatá* (de *tat*, «aquello», y *-ta*, «-idad») y al tibetano *deshin shekpa* o *dekho ñi* («así» y «-idad»). Existen tres opciones de traducción para estas expresiones en castellano: inventar neologismos correspondientes tales como *esidad*, *talidad, aquellidad, talcualidad* o *asiidad*; nominalizar un adver-

bio, adjetivo o verbo, por ejemplo «el así», «el aquello»; o valerse de un circunloquio y decir «el así es», «lo tal cual» o «el hecho de que las cosas sean tal cual son». Como se trata de expresiones técnicas importantes, he preferido evitar los extremos de la perífrasis excesiva y del neologismo conciso pero poco claro. (*N. del T.*)

2. Palabra sánscrita que designa a una persona de gran realización que ha logrado ciertos *siddhis* o poderes. (*N. del T.*)

3. Esto no contradice la descripción del dharmakaya como estado no condicionado que da Trungpa Rínpoche en esta charla. Aunque está condicionado por una sensación de gravidez, el dharmakaya, como ya nos explicó, no se ve afectado por ningún contenido y ofrece constantemente la posibilidad de entrever la mente no condicionada. Véase también la respuesta que da el autor a la pregunta sobre el karma y el dharmakaya, p. 135.

4. Aquí hay un juego de palabras debido a que en inglés *to be self-conscious*, que literalmente se traduce por «estar consciente de sí mismo», significa en el lenguaje corriente «perder la naturalidad por sentirse observado». (*N. del T.*)

5. La palabra tibetana *pardo* (que a veces se transcribe *bardo*) significa «estado intermedio»; por ejemplo, el pardo que va del nacimiento a la muerte, el que va del dormirse al despertar, el pardo del momento de la muerte y los distintos pardos que van de la muerte al renacimiento. (*N. del T.*)

3. LA VALENTÍA

Ya hemos estudiado el principio de los tres kayas a modo de introducción. Ahora estudiaremos a Padmasambhava como representante de la loca sabiduría, por oposición a cualquier otra posible manifestación de un vidyádhara. Podríamos decir que lo excepcional de la loca sabiduría en el caso de Padmasambhava es la realización súbita. Los ocho aspectos de Padmasambhava no constituyen un proceso lineal, sino que son simultáneos. En realidad, la expresión tradicional se refiere a los «ocho nombres» de Padmasambhava y no a sus «ocho aspectos».

¿Cuál es el principio del nombre? ¿Por qué hablamos de *nombre* y no de *aspecto*? El término «aspecto» se refiere normalmente a una diferencia en el plano fundamental del ser. Podríamos referirnos al aspecto paterno de un hombre, a su aspecto docente o a su aspecto ejecutivo. Detrás de esta acepción tradicional está la idea de un cambio que acompaña a cada uno de los roles. Esta idea corriente de los diferentes aspectos implicaría que Padmasambhava se transformó, que se conectó con distintas partes de su ser o que se manifestó de distintas maneras, nada de lo cual se aplica a Padmasambhava. En cambio, los diferentes nombres se relacionan más bien con las actitudes de sus discípulos y otros seres frente a él. Tienen que ver con las diferentes maneras en que los demás perciben a Padmasambhava, y no con cambios que se producen en él. De modo que *nombre* aquí conlleva la idea de *título*. La expresión tibetana es *guru tsen gye*, «los ocho nombres del guru». *Tsen* es un término honorífico tibetano que significa «nombre». Algunos pueden percibir en Padmasambhava una figura paterna, otros pueden ver en él a un hermano y otros a un enemigo. Estos puntos de vista, basados en percepciones externas, son el origen de los ocho nombres de Padmasambhava. Sin embargo, su única manifestación es la loca sabiduría.

Una de las definiciones que dan las escrituras de la persona dotada de loca sabiduría es que «doblega a todo aquél que sea necesario doblegar y destruye a todo aquél que sea necesario destruir». La idea es que sea cual fuere la exigencia de nuestra neurosis, cuando nos relacionamos con alguien que personifica la loca sabiduría, el tiro nos sale por la culata; nos golpea nuestra propia exigencia. La loca sabiduría nos refleja como un espejo. Por esta razón la loca sabiduría de Padmasambhava es universal; no conoce limitaciones ni se atiene a ninguna lógica en cuanto a la forma que pueda tomar. Si somos feos, el espejo no transige. Y no sacamos nada con echarle la culpa o romperlo; mientras más lo rompamos, más reflejos de nuestra cara encontraremos en los fragmentos que se multiplican. La naturaleza de loca sabiduría de Padmasambhava no acepta límites ni conoce la transigencia.

El primer aspecto de Padmasambhava se llama Pema Gyalpo, o Padma Raja en sánscrito. Padma Raja nació en la región del Himalaya entre India y Afganistán, en un lugar que antaño se conocía como Uddiyana y que hoy se llama Swat. Era un sitio muy hermoso, rodeado de sierras nevadas. Toda la zona parecía un parque diseñado por el hombre. Había lagos y lagunas llenas de lotos; el aire era fresco y el clima ideal. Uno de los lagos, llamado Dhanakosha o Sindhu, estaba cubierto de hojas y pétalos de loto. En él había un loto extraordinariamente grande que no obedecía al ciclo habitual de las estaciones. Apareció a comienzos del año del mono y siguió creciendo sin cambiar con las estaciones. Llegó el invierno, luego la primavera, el otoño y el verano, y el loto no se abría nunca. El décimo día del décimo mes del año del mono, el loto se abrió finalmente. Dentro de él había una criatura preciosa, sentada en el cáliz de la flor. Parecía un niño de ocho años. Su aspecto era muy digno y manifestaba mucha curiosidad. Las abejas y los pájaros rodearon a aquel hermoso niño para alabarlo. Se oía una música sin músicos que la tocaran. Toda la comarca estaba bañada en una sensación de plenitud, de salud y de misterio.

El niño daba la impresión de ser un príncipe muy bien cuidado. ¿Cómo era posible? No sentía miedo y parecía divertirse con todo lo que le rodeaba, con una fascinación constante por el mundo externo.

Así nació Padmasambhava.

Lo importante aquí es la cualidad infantil de Padmasambhava. Era una criatura vieja —lo que evidentemente es una contradicción—; una hermosa criatura adulta, una criatura sabia y fuerte, una criatura que no se alimentaba de leche ni de sustancia alguna, que vivía sólo del aire. Por esa cualidad juvenil se le conoce por Padma Raja[1], «el príncipe del loto».

Nosotros también tenemos ese elemento juvenil, esa maravillosa cualidad infantil. Todo lo que sentimos a lo largo de nuestra vida —el deseo, la pasión, la agresión y todo tipo de neurosis— se parece al fango que rodea las raíces del loto en el fondo del lago. No obstante, siempre surge de ellas algo fresco; nuestro aspecto infantil empieza a germinar, y es absolutamente joven, juvenil y curioso.

La curiosidad propia de ese aspecto infantil no es malsana; es una curiosidad esencial. Queremos conocer a fondo el dolor, queremos conocer a fondo la alegría; por lo tanto, nos parece natural actuar así. Éste es el aspecto de Padmasambhava que se manifiesta en nosotros. Podríamos llamarlo «naturaleza búdica» o «realización fundamental». Nos gustaría coger un juguete, manosearlo, examinarlo por todos lados, dejarlo caer, golpearlo, hacerlo pedazos, desarmarlo y volver a armarlo. Siempre actuamos así, igual que una criatura. Ese aspecto infantil es la cualidad de la realización.

Cuando la gente habla de realización, suele pensar en una persona vieja y sabia. Se les ocurre que un ser realizado es alguien que ha ido adquiriendo experiencia con la edad y, por lo tanto, también sabiduría. Lo imaginan como un erudito que ha almacenado cientos de millones de datos. Eso hace que sea un viejo sabio, fidedigno y bueno, un ser realizado. Pero desde el punto de vista de la loca sabiduría, la realización es algo completamente diferente. No tiene mucho que ver con ser viejo y sabio. Más bien se parece a ser joven y sabio, porque uno se siente totalmente abierto y dispuesto a explorar todas las experiencias de la vida; a explorarlas en el plano psicológico, relacional, doméstico, práctico, filosófico, etc.

La realización también contiene un elemento de valentía. Uno no percibe el mundo como un enemigo, no cree que el mundo lo va a atacar si no se cuida; por el contrario, le encanta explorar el filo de la navaja. Uno es como un niño que, por casualidad, agarra una navaja untada en miel; al lamerla descubre simultáneamente el sabor dulce y la sangre que le gotea de la lengua. Desde el punto de vista de la cordura de la loca sabiduría, vale la pena explorar la simultaneidad del dolor y el placer. Ésta característica de Padmasambhava está simbolizada por un joven príncipe. Es la esencia misma de la despreocupación, acompañada no obstante de un gran interés por todo, de un vivo deseo de aprender y explorar.

Es probable que la palabra *aprender* no sea la más adecuada. No se trata de aprender en el sentido de juntar informaciones, sino de absorber lo que sucede alrededor de uno y de relacionarse continuamente con eso. Este tipo de aprendizaje no tiene nada que ver con aprender cosas pensando que algún día uno podrá usarlas para defenderse. Uno aprende porque siente placer al hacerlo; aprender es algo fantástico. Es como los niños cuando juegan. Descubren juguetes en todas partes, y no juguetes didácticos sino cosas que encuentran por azar.

Padmasambhava nació de un loto, sin padre ni madre, porque no necesitaba educación. No necesitaba padres que le enseñaran a ser un adulto responsable y sensato. Dicen que cuando nació del loto tenía ya ocho años, pero igualmente podríamos decir que tenía ochenta. La edad no importa. Cualquiera fuera su edad, no dejaría de ser una criatura joven, o más bien una criatura vieja. Viene a ser lo mismo.

Una de las ideas más importantes que se nos presentan en este caso es la exploración de los estados del ser, independientemente de la educación y de la acumulación de datos. Simplemente exploramos porque nos encanta, igual que los niños cuando juegan. Ese aspecto infantil está siempre presente, a cada instante. Ésa es la característica de Padmasambhava.

Y esa característica, repito, también supone valentía. El problema que tenemos con la valentía es que nuestra actitud samsárica nos impide explorar libremente. A pesar de que sentimos verdaderas ansias de explorar, sentimos que el explorar muy a fondo nos podría lastimar. Ése es el miedo que tenemos. El elemento infantil de Padmasambhava es valiente porque no teme ser lastimado. Lo que no quiere decir en absoluto que sea masoquista o sádico; simplemente aprecia las cosas, está completamente abierto a ellas, de manera sencilla y directa. No se relaciona con las cosas porque sean educativas, sino porque están ahí, nada más. La relación simplemente se produce, se desarrolla.

El joven príncipe nacido de un loto fue descubierto por Indrabhuti, rey de Uddiyana. Durante mucho tiempo, el rey Indrabhuti había rogado tener un hijo, pero sin resultados. Un día, uno de los sirvientes de la corte se dirigió al lago Dhanakosha a coger flores para el palacio real y descubrió el loto misterioso. El loto se había abierto y en él estaba sentado un niño hermosísimo, joven, divertido y curioso. El sirviente habló de él al rey, que decidió llevar al niño al palacio, adoptarlo y designarlo como futuro soberano.

En el palacio real, Padmasambhava pudo experimentar situaciones placenteras. Sin embargo, pasado un cierto tiempo, los manjares, las riquezas y las cosas agradables empezaron a aburrirle. Indrabhuti decidió que Padmasambhava debía casarse con la hija del rey de un territorio vecino para tener una compañera de juegos. Se celebró la boda y Padmasambhava siguió explorando; exploró la sexualidad, la convivencia, la comida, las riquezas, etc.

Quiero que esto les quede absolutamente claro: no se trata de que Padmasambhava tuviera que crecer y acumular informaciones sobre la vida. El hecho de que Padmasambhava se conviertiera en un príncipe, e incluso el hecho de que naciera de un loto, no era algo que le importara a él personalmente; era exclusivamente cosa de Indrabhuti. Indrabhuti se había inventado su propia versión de Padmasambhava y creía que éste precisaba de alimentos, ropa y la compañía de mujeres. Pero Padmasambhava puso fin a su hospitalidad cuando se puso a bailar en la azotea del palacio empuñando un tridente y un vajra. Mientras bailaba soltó sus dos cetros, como si fuera un accidente, y estos salieron volando. El tridente atravesó el corazón de la esposa de un ministro que andaba por allí y el vajra le fracturó el cráneo a su hijo. Tanto la madre como el hijo murieron instantáneamente.

¿Qué creen ustedes que sucedió entonces? Padmasambhava fue expulsado del reino. Lo que había hecho estaba penado por la ley; no se permitía que un asesino viviera en el reino. Todo lo que acontecía en el reino debía respetar las buenas costumbres, debía ser conforme a las leyes; por eso, incluso aquel niño misterioso nacido de un loto debió marcharse. Eso era lo que deseaba Padmasambhava. Quería destruir aquella situación y seguir explorándolo todo.

Obviamente, como estudiantes no tenemos por qué seguir el estilo de Padmasambhava al pie de la letra. No tenemos por qué pasar por todo lo que pasó él. De hecho, sería imposible; nuestra situación no lo permitiría. Sin embargo, su manera ejemplar de relacionarse con la pasión y la agresión es extremadamente interesante; valdría la pena conocerla y explorarla más a fondo. Claro que nuestra capacidad de exploración depende de nuestra valentía. Nuestro grado de valentía debe ser, como quien dice, el velocímetro de nuestra cordura [que nos indica hasta dónde podemos ir]. El estado despierto es algo que vislumbramos [y en la medida en que lo vislumbramos podemos avanzar]. Como dicen las escrituras, una persona corriente no debe actuar como un yogui, un yogui no debe actuar como un bodhisattva, un bodhisattva no debe actuar como un siddha y un siddha no debe actuar como un buda. Si traspasamos nuestros límites, si decidimos arrebatarnos y andar por ahí como desaforados, nos haremos daño. Recibiremos una respuesta, un mensaje muy potente. Si vamos más allá de nuestros límites, la situación se vuelve destructiva.

Por lo tanto, la loca sabiduría no consiste en actuar impulsivamente, con desenfreno; más bien se trata de establecer una relación con el miedo. Nuestra capacidad de exploración depende de nuestro esfuerzo por trabajar con el miedo fundamental, no por conquistarlo. Si sabemos hasta qué punto hemos enfrentado nuestro miedo fundamental y actuamos en función de eso, no iremos más allá de nuestros límites.

Curiosamente, se podría decir que la loca sabiduría es muy prudente y cobarde. La cobardía da origen a la loca sabiduría. La valentía nace de la cautela[2].

La loca sabiduría es diferente de todas las demás nociones del camino que hemos examinados en otros contextos. Por ejemplo, en el camino del bodhisattva, uno va creciendo y adquiriendo madurez al pasar del primer bhumi al segundo, y así sucesivamente hasta llegar al décimo y, por último, al undécimo, que es la realización. Las enseñanzas sobre el camino del bodhisattva se relacionan con el ir envejeciendo, acumulando años y experiencia. Uno va coleccionando paramita tras paramita. Acumula información, desarrolla su inteligencia, va creciendo cada vez más y más y al final termina siendo un gran erudito y también, en cierta medida, un gran buda. Pero en el caso de Padmasambhava no se considera que la budidad y la realización se produzcan porque uno haya ido acumulando cosas y experiencias. El estilo de Padmasambhava consiste simplemente en enfrentarse a las situaciones de la vida como una criatura que llegó a la vida espontáneamente y en estar dispuesto a seguir siendo siempre un niño. Una de las expresiones que se usan en la tradición del maha ati[3] para describir este principio es *shönü pum ku*, «el joven príncipe en un jarrón».

El jarrón representa una situación embrionaria; de hecho, no sólo embrionaria sino también juvenil. Romper el jarrón equivale a invertir el proceso del trikaya. Uno ha llegado al dharmakaya y, cuando se rompe el jarrón, baja al sambhogakaya y al nirmanakaya, regresa a la tierra. La serie de imágenes del boyero usadas en el budismo zen ilustran un proceso similar: cuando uno llega al punto en que ya no hay buey ni boyero, regresa al mundo.

El punto crucial aquí es ese aspecto juvenil del estado realizado del ser. El elemento juvenil es la inmediatez de la experiencia, su aspecto exploratorio.

Nos podríamos preguntar si acaso tanta exploración no terminará por envejecernos, por avejentarnos: la exploración exige mucho esfuerzo. ¿No podría sucedernos lo del viajero que envejeció en su viaje? Desde el punto de vista de la loca sabiduría, esto no sucede. La exploración no implica esfuerzo alguno. Es posible que tengamos que repetir lo mismo una y otra vez, pero cada vez le descubrimos nuevas facetas, y eso nos rejuvenece.

El descubrimiento se relaciona con una energía que nos

nutre constantemente y hace que nuestra vida llegue a ser plena y sana. La salud aumenta con cada exploración. Volvemos a sentir una y otra vez que estamos al día en nuestra vivencia del mundo, de la vida. Por lo tanto, todo se tranforma en un constante proceso de rejuvenecimiento.

A estas alturas, Padma Raja, ese niño tan hermoso, ha sido expulsado del reino y vaga por los arrabales de la ciudad de Indrabhuti, recorriendo terrenos baldíos y campos crematorios poblados de culebras venenosas y tigres. Hagamos ahora una pausa en el relato.

PREGUNTA: El «príncipe en el jarrón» ya posee la cualidad de dharmakaya. ¿Cuando uno rompe el jarrón, comienza a regresar al nirmanakaya?

TRUNGPA RÍNPOCHE: Sí, el trikaya se invierte.

P.: Cuando Padmasambhava nació, ¿ya era dharmakaya?

T.R.: Sí. Luego regresó a la tierra. La fuerza de gravedad es la compasión. Cuando uno es dharmakaya, no puede simplemente quedarse allí. Regresa al mundo por medio del sambhogakaya y el nirmanakaya.

PREGUNTA: La metáfora que usted utilizó —lamer miel del filo de la navaja— la leí por primera vez en un libro sobre la vida y enseñanzas de Naropa[4]. Allí se usaba como símil relacionado con las cuatro verdades nobles para designar el tipo de sufrimiento que se debe evitar, o que un ser realizado evitaría, pues sabría que está ahí. El uso que hace usted de esa metáfora, ¿significa que desde el punto de vista de Padmasambhava las cuatro verdades nobles han perdido validez?

TRUNGPA RÍNPOCHE: Es una manera diferente de abordar las verdades. Digamos mejor que no es exactamente diferente, sino auténtica. Aquí no consideramos que el sufrimiento sea algo que debamos evitar o abandonar; más bien debemos considerarlo como una verdad. ¿Entiende lo que quiero decir?

P.: Es el sabor que se siente.

T.R.: Sí, es el sabor que se siente cuando uno explora las sutilezas de las cosas como lo haría una criatura.

P.: ¿Es necesario que esa exploración sea dolorosa?

T.R.: El dolor es algo arbitrario a estas alturas. Las vivencias no se consideran particularmente dolorosas o placenteras. Simplemente son.

PREGUNTA: Usted ha dicho que el niño era valiente, pero luego dijo que la cobardía es el camino. ¿No es una contradicción?

TRUNGPA RÍNPOCHE: Ambas cosas vienen a ser lo mismo a estas alturas. Uno es valiente porque no sobrepasa ciertas limitaciones; uno es valiente «tal cual» y por eso es cobarde al mismo tiempo. Tal vez sea muy difícil entenderlo. No sé si me estoy explicando bien,

PREGUNTA: Quiero preguntar lo mismo. Cuando usted dice que depende de nosotros, me da la impresión de que tenemos una alternativa con respecto a nuestras limitaciones, casi como si las hubiéramos creado nosotros mismos.

TRUNGPA RÍNPOCHE: No veo por qué no, puesto que sus limitaciones son *sus* limitaciones.

P.: Pero no siento que sean *mis* limitaciones. Son algo que descubro a medida que avanzo.

T.R.: Bueno, pero usted fue quien tuvo que descubrirlas, así que usted las fue creando a medida que avanzaba.

P.: ¿Quiere decir que si yo hubiera querido, podría haber descubierto otras limitaciones en vez de éstas?

T.R.: ¡Exacto! De eso se trata, precisamente.

P.: Pero, ¿qué saca uno con sobrepasarlas? Me pareció entender que, según la loca sabiduría, es mejor no hacerlo.

T.R.: Es cierto.

P.: ¿Ir más allá sería como entrar en un mundo de miedo absoluto o algo por el estilo?

T.R.: Es muy sencillo, fíjese; hasta un niño pequeño lo entendería. Ir más allá de sus limitaciones es contarse un cuento en vez de realmente ir más allá de sus limitaciones. Es crear un mundo ilusorio.

P.: ¿Usted hace una distinción entre las limitaciones inventadas y las más reales?

T.R.: Pues claro.

P.: ¿Y uno no debería tratar de superar las más reales?

T.R.: Haga lo que haga, no podrá superarlas. Son reales. No es posible. No puede jugar con ellas; estaría yendo más allá del límite de sus fuerzas.

P.: ¿Entonces no hay ningún peligro de que uno se pase de sus límites naturales?

T.R.: Bueno, por lo general uno tiende a explorarlos.

P.: ¿Cuál es la diferencia entre explorarlos y sobrepasarlos?

T.R.: La diferencia está en que cuando uno los sobrepasa, se lastima. Recibe un mensaje.

P.: ¿Y cómo se aplica la valentía aquí?

T.R.: Mire, lo que sucede es que ni siquiera confiamos en nuestras propias capacidades. Por lo general no creemos en ellas. Es ahí donde la valentía puede cumplir un papel importante, ya que nos permite explorar todo el alcance de nuestras fuerzas. Pero traspasar los límites es algo frívolo, porque nos exponemos a la destrucción. Ser valiente no consiste en hacer cosas extravagantes que están fuera de nuestros límites, sino en trtar de conocer nuestras fuerzas en toda su extensión.

P.: ¿Qué impediría que una persona valiente siguiera explorando más allá de sus fuerzas?

T.R.: Recibiría algún mensaje.

P.: ¿Eso impediría realmente que una persona valiente fuera más allá de sus límites y que lo explorara todo?

T.R.: La valentía sigue siendo una situación condicionada; esa persona no puede ser valiente con respecto a *todo*.

P.: ¿Se trata de usar la cobardía como inteligencia?

T.R.: Sí.

P.: ¿Ése es el aspecto sabio de la loca sabiduría?

T.R.: Hasta cierto punto. Si uno considera que la loca sabiduría consiste en actuar como un desaforado, eso no es ni bueno ni sano. Uno le está abriendo la puerta a la destrucción. Lo que piensa la gente normalmente es que para actuar de manera desmedida, hay que forzarse más y más.

P.: Yo diría que los límites presuponen una estructura que es independiente de uno mismo; una estructura hecha de límites externos, más allá de los cuales uno no debería realmente atreverse a ir.

T.R.: No exactamente. Depende de nuestra relación con la estructura.

P.: Lo que deduzco de todo esto es que deberíamos tratar de estar conscientes de nuestras limitaciones para no tratar de sobrepasarlas y no lastimarnos.

T.R.: No exactamente. La idea es ser cauteloso.

P.: ¿Cómo sabe uno si está siendo cauteloso? Pienso que se trata precisamente de eso. ¿Cómo sabe uno cuándo debe retirarse y cuándo debe seguir adelante?

T.R.: Uno debe establecer un vínculo con lo que está sucediendo. Cuando uno empieza a notar una actitud engañosa —como el pensar «quizá debería intentar algo mejor»—, quiere decir que siente miedo, porque nunca antes se ha atrevido a entrar en esa zona. Le llega una advertencia que proviene del autoengaño.

P.: ¿Cómo hacer para estar consciente de ese autoengaño?

T.R.: Es muy obvio. Uno es quien mejor se conoce. Uno es la persona más cercana que tiene. Sabe cuándo se está engañando y cuándo está siendo sincero. No hace falta demostración. Es un acuerdo que uno tiene consigo mismo.

P.: Sin duda resulta muy útil tener a un maestro que lo aliente en ciertos sentidos.

T.R.: Eso es algo que ya existe en usted. Usted ya tiene la posibilidad de redescubrir sus propias fuerzas y flaquezas. Es imposible tener un maestro que viva con uno, que lo siga a todas partes y se acueste en la misma cama. El maestro no puede estar siempre ahí para guiarlo; para eso está el autoengaño.

PREGUNTA: ¿El karma empieza a formarse en el dharmakaya?

TRUNGPA RÍNPOCHE: Existen distintas opiniones filosóficas que corresponden a diferentes escuelas. Hay quienes dicen que el karma aún no se desarrolla en el dharmakaya, mientras otros sostienen que el dharmakaya ya contiene karma porque el dharmakaya es una entidad separada y tiene un lazo de lealtad con el nirvana. Longchen Rabjam, el gran maestro del maha ati, decía que el karma ya se había desarrollado en el dharmakaya; por lo tanto, nuestra escuela también diría lo mismo. El dharmakaya nos aporta un mensaje de cordura por la locura que ya existe en nosotros. Es una acción relacional; ya se ha producido una acción relacional. En otras palabras, ya se ha desarrollado el torno del alfarero del segundo nidana.

PREGUNTA: ¿Por qué eligió Padmasambhava un medio tan dramático para expresar su insatisfacción con la vida de palacio? ¿Por qué tuvo que lanzar el tridente y el vajra, traspasando un corazón y partiendo un cráneo? ¿No le bastaba con irse?

TRUNGPA RÍNPOCHE: Irse suena a derrotismo. Si se hubiera marchado sin avisarle a nadie, esperando que alguien descubriera su ausencia, habría sido como el acto de una persona muy transparente que huye sencillamente porque le tiene miedo a la comunicación. Pero Padmasambhava no tenía ni un pelo de discreto.

PREGUNTA: El miedo, ¿es algo más que las proyecciones?

TRUNGPA RÍNPOCHE: El miedo es a la vez mensaje y radar. Generalmente se da en una situación relacional. No es algo absoluto; no es independiente del dualismo. Yo diría que la loca sabiduría considera el miedo no sólo como un desajuste, sino que se da cuenta de que es algo inteligente. El miedo contiene su propio mensaje; merece nuestro respeto. Si descartamos el miedo como un obstáculo y no le prestamos atención, podemos tener un accidente. En otras palabras: el miedo es un mensaje muy sabio.

P.: Mi experiencia del miedo es que parece ser una manifestación verdaderamente extrema de mi confusión. Cada día compruebo que es una mentira y una trampa, una tremenda trampa que me chupa energía. Trato sencillamente de no quedarme atrapado en el impulso del miedo

T.R.: Lo que sucede es que uno no puede burlar el miedo ni tampoco lo puede amedrentar; tiene que respetarlo. Uno puede tratar de convencerse de que no es real, de que es falso, pero esa manera de actuar es bastante dudosa. Es mejor empezar a respetarlo y darse cuenta de que la neurosis también es un mensaje y no sólo una basura que uno debe tirar. Éste es el verdadero punto de partida: el reconocimiento de que el samsara y el nirvana son uno. El samsara no se considera solamente como un estorbo, sino como algo que encierra su propio mensaje, un mensaje potente y digno de respeto.

P.: No quiero rechazarlo ni mucho menos, pero al mismo tiempo tampoco quiero concentrarme en él y transformarlo en un gran problema, en un misterio. Y me encuentro en un equilibrio delicado porque evito rechazarlo, pero al mismo tiempo trato de soltarlo.

T.R.: Bueno, usted ya tiene la vivencia y no tiene por qué preguntarle al «vivenciador» cuál es la manera más diplomática de manejar el asunto.

P.: Me parece que no tengo muchas posibilidades de elegir; el miedo tiene un poder enorme.

T.R.: Eso es muy bueno, porque no le deja ninguna posibilidad de cavilar ni de elaborar estrategias. Simplemente da el salto.

P.: Hay un tipo de miedo que es una amenaza para el ego, cuando una de nuestras ilusiones se ve amenazada. ¿Hay una diferencia entre ese tipo de miedo y el miedo de ir más allá de las limitaciones reales?

T.R.: Yo diría que sí. Existe por un lado el miedo a no poder manejar la situación que uno tiene y, por otro, la sensación de necesitar algo más que lo que ya tiene. Si uno siente vacilación en el momento de enfrentarse a la situación, puede superarla de un solo salto; en cambio, la necesidad de improvisar más diversiones es un autoengaño.

P.: El engaño de ir más allá de las limitaciones.

T.R.: Sí.

P.: ¿Uno puede dar un salto sin preocuparse de sus limitaciones?

T.R.: Bueno, si es capaz de dar el salto, délo. Si no es capaz, no podrá saltar. Si puede hacerlo, hágalo. Luego, en el acto de saltar, uno vuelve naturalmente [a una relación adecuada con las limitaciones]. A menos que uno trate de dar un salto descomunal; en ese caso, ni siquiera sabe lo que está haciendo, lo hace para entretenerse. Es como una sobredosis.

PREGUNTA: La sensación de descubrimiento que usted describe, ¿es lo mismo que la idea de mantener abierto nuestro espacio, o es distinta?

TRUNGPA RÍNPOCHE: Yo diría que es lo mismo. El descubrimiento no tiene por qué ser una manifestación de algo; es una actitud que consiste en estar dispuesto a acoger todo lo que venga. Es parecido a la sensación de la dualidad de algo.

P.: A menudo, cuando uno se mete en alguna onda espiritual, sobre todo las que van acompañadas de prácticas espectaculares, tiende a buscar una práctica que no conozca. ¿Diría usted que este tipo de curiosidad o descubrimiento es útil?

T.R.: No cuando uno no sabe en qué se está metiendo. Hay una diferencia entre explorar lo que está ahí y explorar lo que no está ahí. Cuando un niño juega con el filo de la navaja, la navaja está ahí y también está la miel en el filo. Pero

141

si el niño se pone a explorar lo que está fuera, más allá del borde del balcón, lo único que le espera es una caída al vacío. Equivale a suicidarse.

PREGUNTA: Cuando se alcanza la loca sabiduría, ¿por qué algunos se convierten en «el loco de Tsang» y otros en alguien como su guru?

TRUNGPA RÍNPOCHE: Creo que depende únicamente de nuestra manifestación y de nuestro modo de mirar las cosas. Se trata de saber si estamos preparados o no lo estamos. Al loco de Tsang lo escuchaba mi guru, mientras que a mi guru lo escuchaba yo. En aquella época yo no era muy loco, por lo tanto él tampoco lo fue. En cambio, el loco de Tsang se mostró muy loco porque mi guru era lo suficientemente loco como para entenderlo.

Notas

1. En las transcripciones del sánscrito y del tibetano, la «j» suena como en inglés. (*N. del T.*)

2. El sentido del proverbio inglés *discretion is the better part of valour*, cuya traducción literal es «la discreción es lo mejor del valor», es que la valentía no nace de la temeridad, sino de la prudencia. Podríamos invertir los términos del famoso refrán castellano y decir «lo valiente no quita lo cortés» o, en este caso, lo cauteloso. (*N. del T.*)

3. Las más altas enseñanzas del budismo tibetano. (*N. del T.*)

4. Herbert V. Guenther (traductor), *The Life and Teachings of Naropa*. Oxford, Oxford University Press, 1963.

4. LA MUERTE Y LA NOCIÓN DE VIVENCIA

La exploración que hizo el joven príncipe de las situaciones de la vida se relaciona con la noción de eternidad. Explorar las situaciones vitales equivale a hacerse amigo del mundo, y hacerse amigo del mundo consiste en considerar que el mundo es digno de confianza. [Es digno de confianza porque] tiene algo eterno. Cuando hablamos de eternidad, no nos referimos a la eternidad de una entidad específica que se perpetúa sin cesar, como en las creencias filosóficas de los eternalistas. En el caso nuestro, la discontinuidad también es una expresión de la eternidad. Sin embargo, antes de examinar la eternidad convendría hablar de la muerte.

La muerte es la experiencia de desolación en la que nuestros mecanismos habituales no pueden seguir funcionando como nos gustaría. Nuestros mecanismos habituales dejan de funcionar. Una nueva fuerza, una nueva entidad se apodera de nosotros: es la «muertidad» o discontinuidad. Es imposible enfocar esa discontinuidad desde ningún ángulo. No es algo con que uno pueda comunicar, porque no hay manera de congraciarse con esa fuerza. Uno no puede hacerse amigo de la discontinuidad, ni tampoco puede burlarla o razonar con ella. Es algo extraordinariamente potente e intransigente.

Esta intransigencia también nos impide tener esperanzas

con respecto al futuro. Tenemos todo tipo de planes y proyectos que quisiéramos llevar a cabo. Aunque estemos aburridos de la vida, nos gustaría tener la posibilidad de volver a vivir ese aburrimiento. Siempre tenemos la esperanza de que surja algo mejor de los sinsabores de la vida o que descubramos una manera de multiplicar los momentos agradables. Pero la idea de la muerte es sumamente fuerte, es algo muy orgánico y muy real.

Aunque estemos a punto de morir, es posible que ni los médicos ni nuestros familiares y amigos más íntimos nos hayan informado de que nos vamos a morir. Es posible que les cueste decírnoslo. Lo que nos transmiten es una comprensión sin palabras, y ésta contiene algo real.

En un medio convencional, la gente no quiere relacionarse con un amigo que se está muriendo. La gente se niega a establecer un lazo personal con la vivencia del amigo frente a la muerte. Es un estorbo mutuo, una tragedia compartida de la que nadie quiere hablar. Por otro lado, si formamos parte de un círculo menos convencional, es posible que nos acerquemos al moribundo y le digamos: «te estás muriendo», pero al mismo tiempo tratamos de decirle: «sin embargo, lo que te está sucediendo no tiene nada de malo. Te va a ir bien. Piensa en todas las promesas de eternidad de que te han hablado. Piensa en Dios, piensa en la salvación». Seguimos negándonos a llegar al fondo del problema. No hablamos del purgatorio ni del infierno, ni de los tormentos del *pardo*. Tratamos de hacer frente a la situación, pero nos sentimos incómodos. A pesar de que somos lo suficientemente valientes como para decirle a alguien que se va a morir, también le decimos: «pero, a pesar de todo, vas a estar bien. Todos los que te rodeamos estamos seguros de eso, y te queremos. Llévate ese amor que sentimos por ti y haz algo con él cuando dejes este mundo, cuando mueras». Ésa es la actitud [de evasión] que tenemos con respecto a la muerte.

La vivencia real de la muerte, como ya se ha visto, es la

sensación de dejar de existir. La rutina normal de nuestra vida se interrumpe y nos convertimos en otra cosa. Esa vivencia produce un profundo impacto, creamos o no en la reencarnación, porque es la interrupción de lo que estamos haciendo. Nos tenemos que despedir de nuestros compañeros actuales, no podemos terminar de leer el libro que estábamos leyendo, no podemos seguir asistiendo al curso que estábamos siguiendo. Es posible que quienes crean en la doctrina de la reencarnación nos digan: «cuando vuelvas, vas a poder terminar de leer ese libro. Vas a volver a estar entre nosotros. Tal vez serás uno de nuestros hijos. Piensa en esas posibilidades». Suelen decirnos ese tipo de cosas y hacernos toda clase de promesas. Nos prometen que nos uniremos a Dios o que volveremos al mundo para reanudar lo que habíamos dejado inacabado.

Esta clase de comunicación no es totalmente franca. Hay cierto temor, un temor mutuo, a pesar de la creencia en la vida eterna o la reencarnación. Nuestra relación con la muerte encierra miedo y vergüenza. Va siempre acompañada de la sensación de algo indeseable, por más que a nuestro amigo le estemos leyendo un capítulo del *Libro tibetano de los muertos*[1] o algo por el estilo. Es posible que le digamos a la persona amiga: «aunque te está sucediendo algo terrible, hay algo más grande. Ahora vas a tener realmente una oportunidad de conocer las vivencias que se describen en el *Libro tibetano de los muertos*. ¡Y nosotros te vamos a ayudar!» Pero, a pesar de nuestros intentos, seguimos teniendo la sensación de algo irreparable, por más que nos esforcemos por ver el lado positivo del asunto.

No deja de ser sorprendente que para mucha gente, sobre todo en occidente, la primera lectura del *Libro tibetano de los muertos* sea una experiencia sumamente apasionante. He pensado mucho en eso y he llegado a la conclusión de que ese entusiasmo está directamente relacionado con las enormes promesas tremendas que contiene ese texto. La fascinación que ejercen las promesas del *Libro tibetano de los muertos* casi logra menoscabar a la muerte misma. Hace mucho tiempo que veníamos buscando una manera de restarle fuerza a nuestras irritaciones, incluida la muerte. Los ricos gastan una fortuna en ataúdes, maquillaje y ropa de buena calidad para el difunto, sin hablar de los funerales que cuestan carísimo. Tratan por todos los medios posibles de mitigar el desconcierto que provoca la muerte. Por eso tiene tanto éxito el *Libro tibetano de los muertos* y se le considera un texto extraordinario.

La idea de la reencarnación también resultó ser muy seductora y la gente la recibió con los brazos abiertos. Hace algunas décadas, cuando esta idea se puso de moda por primera vez, todo el mundo estaba muy entusiasmado. Era otra manera de quitarle importancia a la muerte: «Vas a volver. Aún te quedan cuentas kármicas pendientes por ajustar y te volverás a encontrar con tus amigos. Tal vez renazcas como hijo mío». Nadie se detiene a pensar en la posibilidad de reencarnarse en un mosquito, un perro o un gato.

Esta forma de enfrentar la muerte es una actitud muy curiosa, extremadamente curiosa.

Cuando analicemos el descubrimiento de la eternidad por parte de Vajradhara —así se llama el siguiente aspecto de Padmasambhava—, no lo consideraremos como una victoria sobre la muerte ni como una manera de evitar las molestias que pueda causar la muerte, ni nada por el estilo. La eternidad, en este sentido, está vinculada a una visión auténtica de la vida. Existe el dolor y existe el placer. No cabe duda de que el mundo tiene un aspecto negativo, pero eso no nos impide relacionarnos con él. En el fondo, el adquirir este sentido de la eternidad supone adoptar una actitud amistosa. Por muy amenazante que sea el carácter de ciertos individuos, es posible considerarlos como buenos amigos. De hecho, es precisamente por eso por lo que cultivamos su amistad.

Al establecer una relación de este tipo con la eternidad

nos convertimos en reyes de la vida, en señores de la vida. Y si el señor de la vida es realmente un señor, su dominio se extiende también a la muerte. Por lo tanto, el señor de la vida es a la vez señor de la vida y señor de la muerte. Este señor de la vida se llama Vajradhara.

El joven príncipe que acaba de marcharse de su reino decide de pronto adaptarse a la ferocidad del campo crematorio y al principio fundamental de la eternidad, que generalmente se llama vivencia del mahamudra. En este caso, la vivencia del mahamudra se relaciona con la vitalidad de los fenómenos. Es decir que todos los aspectos del campo crematorio son *reales*. Hay esqueletos, restos de cadáveres, animales salvajes, cuervos, chacales, etc.

En el campo crematorio, el joven príncipe descubre una nueva manera de enfrentar la vida; o más bien, una nueva manera de enfrentar la vida lo descubre a él. Podríamos decir que a estas alturas Padmasambhava se convierte en un ciudadano hecho y derecho, porque la noción de eternidad conlleva indestructibilidad, en el sentido de que nada puede amenazarle y nada puede reconfortarle. Éste es el tipo de eternidad al que nos referimos aquí. La muerte ya no se considera una amenaza. Padmasambhava vivencia la muerte como un aspecto más de la vida. Ya no le preocupa perpetuar su personalidad y su existencia. Podríamos decir que esta manera de ser es superior a la de un yogui o de un siddha. Se parece más bien a la de un buda, puesto que estas vivencias no se consideran como logros de ninguna clase; no son ni descubrimientos, ni victorias, ni tampoco una manera de desquitarse. Son simples vivencias que se producen y, simplemente porque se producen, Padmasambhava las atiende. Al adoptar la forma de Vajradhara, Padmasambhava se convierte en señor de la vida y de la muerte, poseedor del vajra, poseedor de la energía indestructible: se convierte en un buda del sambhogakaya.

La siguiente etapa del camino que recorre Padmasambhava se relaciona con su deseo de explorar todas las situaciones posibles que puedan enseñarle algo y de conocer a los grandes maestros del mundo de su época. Visita a Shri Simha, que, según dicen, era originario de Siam, la actual Tailandia. Shri Simha era uno de los principales maestros de la tradicion del maha ati y vivía en una gruta en otro campo crematorio. Vajradhara, el aspecto sambhogakaya de Padmasambhava, fue a preguntarle a Shri Simha cómo destruir la noción de vivencia. Y Shri Simha redujo a Padmasambhava a la sílaba HUM, que representa la penetración. No se trata de disolver la vivencia ni de considerarla como una falacia, sino de penetrarla. La vivencia es como un recipiente lleno de agujeros, por lo que no es capaz de ofrecernos un refugio adecuado ni tampoco puede ser una fuente de auténtico bienestar. Traspasarla o perforarla es como rasgar las mallas de una cómoda hamaca colgada de las ramas de un árbol; la próxima vez que tratemos de acomodarnos en ella, terminaremos en el suelo. Ésta es la penetración de la sílaba germen HUM. Después de reducir a Padmasambhava a la sílaba HUM, Shri Simha se lo traga y luego lo expele por el ano. Así le hace conocer el nirmanakaya, que consiste en ser capaz de penetrar a fondo y por completo el mundo fenoménico y transmitirle un mensaje.

Después de destruir su propio sentido de la supervivencia y de alcanzar la noción de eternidad, Padmasambhava desarrolla ahora la capacidad de traspasar. Entre paréntesis, no desarrolla nada; solamente pasa por diferentes etapas. En realidad, nuestro relato sobre la vida de Padmasambhava coresponde al personaje que hemos creado; no es un intento por demostrar que de verdad hizo todas estas cosas.

En ese periodo, Padmasambhava fue conocido como el gran yogui que podía dominar el tiempo, que tenía poder sobre el día y la noche y las cuatro estaciones. Ese aspecto yóguico de Padmasambhava se conoce como Ñima Öser. Ñima Öser traspasó todas las conceptualizaciones del tiempo, del día y la noche, de las cuatro estaciones. En la iconografía, se lo representa inmovilizando al sol, usando los rayos de éste como correas.

Esto no significa que después de una vivencia sutil uno quede tan absolutamente absorto que deje de distinguir el día de la noche y de diferenciar las cuatro estaciones. Lo que sucede, más bien, es que traspasa las distinciones conceptuales entre día y noche y las cuatro estaciones, o entre el dolor y el placer y todo lo demás. Generalmente, el día, la noche y las cuatro estaciones nos consuelan porque nos dan la impresión de que nos estamos relacionando con la realidad, con los elementos. Nos decimos: «ahora estamos viviendo el verano, ahora el otoño, ahora el invierno y ahora la primavera. ¡Qué bueno es estar vivo! ¡Qué agradable es estar en la tierra; es el mejor lugar para un ser humano, su hogar!», «se ha hecho tarde, ya es hora de cenar», «podríamos comenzar el día con un buen desayuno», y otras cosas por el estilo. Nuestro estilo de vida se rige por estos conceptos. A medida que va pasando el tiempo, se presenta un montón de cosas que hacer, y relacionarnos con ellas es como columpiarnos en una hamaca, descansar en una cómoda cama al aire libre. Pero Ñima Öser rasgó esa hamaca, y ahora ya no podemos columpiarnos a gusto y dormir una agradable siesta al aire libre. Eso es el traspasar.

PREGUNTA: Uno está echándose una buena siesta en la hamaca y luego traspasa la apariencia cómoda de esta hamaca. ¿Dónde nos deja esto? ¿De pie?

TRUNGPA RÍNPOCHE: En el suelo.

P.: ¿Pero despiertos, de alguna manera?

T.R.: Sí. Una de las características es la sensación de estar despierto, en vez de estar ensimismado.

PREGUNTA: Si Padmasambhava es el gran yogui que domina el tiempo, ¿esto significa que el tiempo no lo domina a él como nos domina a nosotros?

TRUNGPA RÍNPOCHE: No se trata tanto de dominar el tiempo, ni tampoco de ser dominado por él, sino de descubrir la intemporalidad. Si se traduce esta idea a un lenguaje más burdo, podemos decir «dominar el tiempo».

PREGUNTA: En varias ocasiones usted ha insistido en el hecho de que Padmasambhava no aprende nada y que, en cierta forma, ya lo sabe todo. No entiendo por qué no podemos considerarlo como un ser humano común y corriente, alguien como nosotros, que ha aprendido diferentes cosas en diferentes momentos.

TRUNGPA RÍNPOCHE: Podríamos analizar las distintas etapas de nuestro propio recorrido de la misma manera. Nuestro proceso de desarrollo espiritual —sea cual sea el nombre que queramos darle— consiste más en desaprender que en ir acumulando vivencias. El estilo de Padmasambhava consiste en desenmascarar, en desaprender, en ir quitando paso a paso y capa tras capa la cubierta de los fenómenos.

P.: Ese desenmascarar o desaprender parece una serie de muertes. ¿Por qué tiene que ser tan doloroso? ¿Por qué no puede ser una suerte de liberación, unida a una sensación de alegría?

T.R.: De hecho sí va acompañada de alegría. Quizá nos estemos quejando demasiado. Estamos más conscientes de la intensidad de la oscuridad que del brillo de la luz.

P.: Yo diría que la manera adecuada de relacionarnos con la muerte consiste en no tener ninguna estrategia. ¿Es necesario abandonar el miedo para liberarnos de las estrategias? ¿O basta simplemente con ponernos en contacto con nuestro miedo?

T.R.: La verdad es que el miedo es algo sumamente interesante. Además de sus aspectos de pánico y ceguera, también contiene intuición. Al parecer, entonces, si uno abandona la esperanza de lograr algo, en el momento en que se pone en contacto con su miedo también se pone en contacto con su intuición. Y los medios hábiles surgen espontáneamente del propio miedo que, al parecer, es sumamente ingenioso. De hecho, es lo contrario de la desesperación. Pero el miedo también contiene un elemento de pánico, una actitud de sordomudo; como usted bien sabe, uno intenta hacer las cosas lo mejor que puede. Sin embargo, el miedo sin esperanza parece ser algo muy perceptivo.

P.: ¿El miedo sería perceptivo porque apunta a la razón por la cual uno tiene miedo?

T.R.: No sólo eso. También tiene un aspecto perceptivo que va más allá de toda conclusión lógica. Tiene una ingeniosidad espontánea.

P.: ¿Podría explicar eso un poco más?

T.R.: Cuando uno se pone en contacto con su miedo, se da cuenta de que ya ha saltado, que ya está suspendido en el aire. Y el darse cuenta de eso hace que uno se vuelva ingenioso.

P.: ¿No es lo que estamos haciendo, acaso, desarrollando recursos de la nada?

T.R.: Pero no nos damos cuenta de que ya estamos suspendidos en el aire.

PREGUNTA: Rínpoche, usted ha dicho que el miedo sin esperanza sería inteligente. ¿Se podría decir lo mismo de las demás emociones intensas?

TRUNGPA RÍNPOCHE: Las demás emociones son básicamente la esperanza y el miedo. La esperanza y el miedo representan esa especie de tira y afloja de la dualidad, la materia prima de todas las emociones. Todas son un aspecto diferente de eso y parecen contener una esperanza y un miedo. Todas las emociones ejercen atracción o magnetismo, y también repulsión.

P.: Cuando sentimos miedo, ¿será porque deseamos algo que nos produce miedo?

T.R.: Así es, exactamente. Pero cuando nos damos cuenta de que no hay un *objeto* del deseo (como usted sabe, el deseo es el aspecto del miedo que corresponde a la esperanza), cuando nos damos cuenta de eso, entonces nos encontramos desnudos, a solas con nuestro miedo desnudo.

P.: Así que uno sencillamente se pone en contacto con el miedo sin tener esperanzas. Pero, ¿cómo lo hace?

T.R.: Se relaciona sin esperar una reacción. De esa manera, la situación se intensifica o se clarifica automáticamente.

P.: ¿Se puede aplicar el mismo procedimiento a la ira? Si siento rabia, en vez de expresarla o reprimirla, simplemente me relaciono con ella; detengo la rabia y me relaciono con el proceso mental.

T.R.: No se trata de detener la rabia, sino simplemente de *ser* rabia. La rabia está presente, tal cual es. Eso es lo que significa ponerse en contacto con la rabia. Así la rabia se vuelve vívida y deja de centrarse en algo; se vuelve difusa y se transforma en energía. Relacionarnos con la rabia no significa expresarla a nuestro interlocutor. La expresión tibetana es *rang sar shak*, que significa «dejar en su propio lugar». Dejar que la rabia esté donde tiene que estar.

PREGUNTA: Sigo sin entender qué debemos tratar de expresarle a una persona que se está muriendo.

TRUNGPA RÍNPOCHE: La muerte, no hay que olvidarlo, es una vivencia muy real. Generalmente no nos conectamos con esa sensación de realidad. Si tenemos un accidente, o si nos sucede cualquier cosa en la vida, no lo consideramos como una vivencia real, aunque hayamos quedado heridos. Nos resulta real en la medida en que sufrimos daños físicos y dolor, pero al mismo tiempo sigue siendo irreal porque inmediatamente tratamos de imaginarnos qué otro desenlace habría sido posible. Siempre subsiste la idea de primeros auxilios, de encontrar alguna manera de salir de apuros.

Si estamos con un amigo o un pariente moribundo, transmitámosle la idea de que la muerte es una experiencia real, de que no es sólo una broma y de que en algún momento la persona se va a mejorar. Muchas veces la gente le dice a un amigo que se está muriendo cosas como: «al fin y al cabo, la vida es realmente una broma. Los grandes santos dicen que la vida no es real. La vida es una ilusión. Y, ¿qué es la muerte, por lo demás?» Cuando actuamos de esta manera, nos empezamos a poner nerviosos y lo único que le transmitimos al moribundo es nuestro nerviosismo. En cambio, deberíamos ayudarle a entender que la muerte es algo real.

Notas

1. Francesca Fremantle y Chögyam Trungpa, *El libro tibetano de los muertos: la gran liberación por audición en el bardo*, Editorial Estaciones 1989. Traducción de Juan Valmard.
Otra buena versión es la de Robert A. Thurman, *El libro tibetano de los muertos: el gran libro de la liberación natural mediante la comprensión en el estadio intermedio*, Editorial Kairós, 1994.

Loden Choksi

5. EL RUGIDO DEL LEÓN

Ya hemos hemos estudiado la idea de intemporalidad o eternidad. Ahora convendría profundizar un poco más. El superar o trascender la noción de vivencia nos lleva a algo absolutamente no dualista, algo que podríamos llamar cordura. Padmasambhava, bajo la forma de Ñima Öser, expresó cordura en su manera de abordar el concepto del tiempo, y las ideas y vivencias relacionadas con el logro espiritual. Ahora que hemos examinado brevemente su ejemplo, seguiremos adelante y examinaremos otro aspecto de Padmasambhava: Shakya Senge o Padmasambhava como buda.

Según el principio que rige este aspecto de Padmasambhava, después de superar toda veleidad de conseguir algo del mundo relativo, debemos dar un paso más y vincularnos a la cordura total y absoluta, al estado despierto. Es eso lo que interesa a Shakya Senge, a Padmasambhava en la forma de un buda. Shakya Senge es un buda no desde la perspectiva del hinayana sino la del mahayana. La actitud mahayana de Padmasambhava se relaciona con el rugido del león, que en la tradición mahayana se refiere a la proclamación de las enseñanzas del shunyatá, la cordura definitiva. Por lo tanto, este aspecto de Padmsambhava se relaciona con la expresión de la cordura máxima.

Podríamos preguntarnos: «¿Cómo es posible que esta cordura definitiva pueda trascender la victoria sobre la conceptualidad y la noción de la vivencia? ¿Hay algo más? ¿No bastaba con eso?» Efectivamente hay algo más sutil. Vencer la conceptualidad y la noción de vivencia es un paso hacia la proclamación. Primero hay que vencer al enemigo y luego proclamar la victoria sobre él. Al hacer la proclamación conocida como el rugido del león, Padmasambhava, como buda, acentúa aun más la cordura. El rugido del león no se considera un reto, sino un ornamento. No es un reto que pone en duda la realidad de la victoria; más bien, una vez que ya hemos logrado la victoria, ella misma nos hace sentir que algo bueno ha sucedido. La proclamación de esas buenas noticias es el rugido del león.

En el caso de la vida de Padmasambhava, esas buenas noticias son definitivas. Son el anuncio de que nunca habría sido necesario emprender el viaje espiritual. El viaje ya se ha realizado, así que no sirve de nada seguir buscando ni empeñarse en nuevos descubrimientos. Las buenas noticias nos hablan de la inutilidad de realizar el viaje espiritual. Ése es el rugido del león. Esto supera con mucho las enseñanzas de los sutras del mahayana. Según esos sutras, es posible alcanzar la cordura perfecta al darse cuenta de que la forma es vacuidad y que la vacuidad también es forma, y así sucesivamente. Pero el rugido del león del que estamos hablando va muchísimo más lejos. Va más lejos en la medida en que las buenas noticias definitivas no dependen de ninguna victoria; son definitivas.

¿Cómo manifiesta Padmasambhava la loca sabiduría en este contexto? Es el monarca universal que con la vista domina desde la cumbre los yanas de las enseñanzas, en vez de contemplarlos desde abajo.

La biografía de Padmasambhava nos dice que estudió con Ánanda, el secretario y discípulo del Buda. Recibió las órdenes de *bhikshu*[1] de Ánanda y logró comprender el mensaje del Buda. Padmasambhava consideraba a Ánanda, el discípulo del Buda, más como un guru que como un preceptor.

Esta distinción es importante. Lo consideraba más como un guru que como un maestro de disciplina, un pedagogo, un profesor, un maestro en el sentido corriente de la palabra, porque Ánanda formaba parte del linaje directo de transmisión del Buda. Esto significaba que trabajar con Ánanda exigía de Padmasambhava una relación viviente con las enseñanzas.

Padmasambhava comprendió algo que nosotros también podemos comprender. Esa dignidad que da a conocer y proclama la inutilidad del viaje es auténtica. La idea de que es necesario emprender un viaje espiritual es un engaño. Desde ese punto de vista, incluso los diez bhumis del camino del bodhisattva no son más que sofismas; si no existe ni un solo bhumi, ¿cómo es posible que existan diez?

El ver las cosas de esta manera es parte del carácter directo, absolutamente directo, de la loca sabiduría. Se trata de establecer un nexo directo con la cordura, con la mente del *bodhi*, la vivencia del Buda cuando logró el *samadhi semejante al vajra* a la sombra del árbol del bodhi. También constituye un paso más hacia la confianza en la naturaleza búdica. En este contexto, ni siquiera podemos hablar de *naturaleza* búdica, ya que la palabra «naturaleza» siempre implica la idea de algo embrionario. En este caso, sin embargo, no estamos hablando de nada embrionario sino del Buda viviente. Padmasambhava se relacionó con el Buda y descubrió la cordura. Y se relacionó con Ánanda como el mensajero que despertó su inspiración.

Cuando un guru nos transmite las enseñanzas, ninguna entidad espiritual entra en nosotros o nos impregna. Lo que el guru hace es simplemente recordarnos que la cordura ya existe en nosotros. Por consiguiente, Ánanda sirvió para recordarle a Padmasambhava que las cosas son así, de la misma manera en que Padmasambhava nos sirve de recordatorio a nosotros.

Puede resultarnos difícil entender esta vivencia e identificarnos con ella; es como si escucháramos una fábula en la que se nos cuenta que sucedió tal o cual cosa y que luego todos vivieron felices muchos años. Pero la historia de Padmasambhava debe ser algo más que eso [para nosotros]. Si nos compenetramos realmente con lo que sucede en la vida de Padmasambhava, descubriremos que es muy realista y personal. Reconoceremos la cordura y luego ésta se producirá sola.

Reconocer la cordura es una disciplina, una ficción; uno finge ser el Buda, uno cree que *es* el Buda. Repito que no estamos hablando de la naturaleza búdica como estado embrionario, sino como situación real de budidad que ya se ha producido. En un comienzo fingimos, o tal vez podríamos decir que adoptamos una creencia; digo creencia porque, a pesar de que nuestra budidad no nos parece real, actuamos como si lo fuera. Es imprescindible un elemento de superchería mental. Y luego descubrimos que esa superchería nos ha llevado a la realización.

Existen montones de supercherías que forman parte del proceso pedagógico. Se conocen colectivamente como «medios hábiles». Yo diría que ese nombre es, hasta cierto punto, un eufemismo.

Los medios hábiles forman parte de la tradición espiritual. La manera en que los gurus del linaje se relacionan con sus discípulos corresponde a una disciplina tradicional. Los medios hábiles son necesarios, porque tenemos la tendencia a huir de una cordura de este tipo. Como discípulos, es posible que la cordura nos parezca demasiado ilimitada e irritante. Preferiríamos un poquito de insensatez y claustrofobia, de esa insensatez tan cálida y reconfortante. Nos envolveríamos en ella como un marsupial recién nacido que busca a tientas la bolsa de su madre. Ésa es nuestra tendencia habitual, porque reconocer la precisión y la cordura nos resulta demasiado gélido, demasiado frío y crudo. Es demasiado temprano para despertarnos; preferiríamos volver a la cama. Volver a acostarnos equivale a seguir vinculándonos a los engaños de la mente, y en verdad los preferimos. Nos gusta crear un leve estado de confusión para luego anidar en él. De hecho, no tenemos ni la más mínima inclinación a la cordura o a la realización. Yo diría que ahí reside el problema, y no en el hecho de que no tengamos cordura o no logremos alcanzarla. La posibilidad de lograr la cordura fundamental o la realización es tan real que, si verdaderamente la prefiriéramos, resultaría irritante.

Ésa parece haber sido la actitud de Padmasambhava en su aspecto de Shakya Senge: prefirió ser igual al Buda. Fue a ver a Ánanda y le habló del Buda. Estudió con Ánanda, trabajó con él y se convirtió en un buda. «Un tanto rápido», podríamos decir, pero no obstante, así sucedió.

Luego tenemos otro aspecto de Padmasambhava, llamado Senge Drádrok, que también está asociado con el rugido del león. De hecho, el nombre significa «rugido de león» o, traducido literalmente, «hacer un ruido como el de un león». En esa manifestación, Padmasambhava es un defensor de la fe y un gran mago.

En esa época en la India, los herejes —o *tírthikas*, como se los llama en sánscrito— estaban ganando muchos adeptos. Eran hindúes, y se los llamaba herejes por su creencia en la dualidad, en la existencia de un ser divino externo y también en la existencia de un *atman*, receptáculo de ese ser divino.

Un planteamiento como éste [el considerar herejes a los hindúes] es obviamente bastante discutible y podríamos insistir en la importancia de respetar las escrituras sagradas del hinduismo, y en especial sus enseñanzas místicas como el Vedanta. En realidad, los textos del Vendanta no son totalmente dualistas; no corresponden del todo a la corriente espiritual dualista, pero los herejes a los que se enfrentó Padmasambhava sí creían literalmente en la verdad de la dualidad. No entendían plenamente las enseñanzas místicas y creían en un dios externo y un ego interno. Cosa curiosa, esa creencia en una separación puede producir grandes poderes psíquicos que permiten realizar muchos milagros y lograr cierta comprensión técnica e intelectual de las enseñanzas.

Padmasambhava adoptó una actitud orgánica ante aquellos herejes, se comportó como un agente de la acción natural de los elementos. Si uno no controla bien el fuego de la chimenea, puede incendiar la casa, y si no está bien atento mientras corta zanahorias, se puede rebanar un dedo. Esa falta de atención y ese mal manejo de una situación natural constituyen una herejía. En vez de enfrentarnos a las situaciones de no dualidad tal cual son, tratamos de interpretarlas un poco para que nos ayuden a perpetuar nuestra existencia. Un ejemplo sería creer en Dios como una manera de asegurarse de que *uno mismo* existe. Cantarle alabanzas al Señor lo hace a *uno* más feliz, porque es *uno* quien está cantándole a Dios. Y en la medida en que hay un buen público, un buen receptáculo, Dios existe. Desde el punto de vista budista, ese planteamiento es una herejía.

En aquella época, los pánditas hinduistas habían puesto en duda la autoridad de los grandes monasterios budistas de una región de la India. Los pánditas iban a enseñar a los monasterios y los monjes se iban convirtiendo rápidamente al hinduismo. La situación se había vuelto desastrosa, hasta que a algunos se les ocurrió invitar a Padmasambhava: «parece que intelectualmente no estamos a la altura de esos pánditas hindúes. Por piedad, sálvanos con algún acto de magia. Nos parece que quizá sea la única solución».

Padmasambhava se instaló en uno de los monasterios y un día provocó un terremoto apuntando su tridente hacia los pánditas hindúes. Quinientos de ellos murieron en los aludes que se produjeron.

¿Qué les parece?

Cuando alguien deja de ser razonable, genera su propia

destrucción. Al formularlo así, mi intención no es evitar que Padmasambhava y sus acciones les provoquen espanto; no pretendo ser su portavoz y decirles: «es bueno a pesar de todo, a pesar de lo que hizo». Lo que sucedió fue muy simple: Padmasambhava actuó como agente de los elementos, del proceso orgánico, y por eso fue inevitable que el elemento no razonable e inauténtico sufriera bajas.

Hace poco, los butaneses se propusieron construir una autopista que uniera la India y Bután, que se llamaría «carretera nacional de Bután». Trabajaron en ella durante mucho tiempo. Tenían excavadoras y habían traído de la India a expertos en construcción de autopistas. Invirtieron miles y millones de rupias y construyeron una carretera espléndida. Pero luego vino la estación de las lluvias y se produjeron gigantescos aludes que la destruyeron. Cuando uno construye una carretera, interfiere con la montaña, con la estructura de la roca. Los aludes fueron la única reacción posible de la naturaleza a aquella interferencia. Ahora existe un nuevo proyecto que costará millones de rupias, y la historia se repetirá una y otra vez.

La última vez que sucedió fue cuando el presidente de la India estaba en Bután en una visita oficial. El avión que llevaba los presentes del gobierno indio al rey de Bután y sus ministros se perdió en la niebla y se estrelló en las montañas. Y cuando el presidente de la India se disponía a regresar a su país, se produjeron aludes repentinos a manera de despedida.

No estoy diciendo que el presidente de la India sea un hereje, pero nuestra definición de herejía es muy delicada. Si uno no está en armonía con la naturaleza de la realidad, se convierte en un blanco, en un satélite supernumerario. Y no tiene a nadie que lo alimente. No tiene combustible alguno fuera de sus propios recursos y, como no puede seguir existiendo sin nuevos recursos, morirá irremediablemente. Eso es lo que sucedió con los pánditas hindúes que mató Padmasambhava. Es un acto muy despiadado y escandaloso, pero no tiene nada que ver con la magia negra ni blanca; en este caso Padmasambhava representaba simplemente la naturaleza de la realidad.

Aparentemente, no es posible aprender a realizar actos como la destrucción de los pánditas. Aunque las palabras de Padmasambhava han sido transmitidas de generación en generación, sin interrupción ni alteración, de modo que incluso hoy tenemos acceso a todas sus enseñanzas, ninguna de ellas nos explica cómo matar herejes. No hay enseñanzas de ese tipo. De lo que sí hablan las enseñanzas es de la manera de trabajar orgánicamente con nuestra práctica y nuestra actitud hacia ella. Al hacerlo, quienes adulteran las enseñanzas se destruyen a sí mismos. Al parecer, eso es lo más importante. Ése es el aspecto de Padmasambhava que se llama «Rugido del León», Senge Drádrok.

PREGUNTA: ¿Los elementos también protegen orgánicamente a quienes no adulteran las enseñanzas?

TRUNGPA RÍNPOCHE: Es posible.

PREGUNTA: La acción orgánica de Padmasambhava con respecto a los elementos, ¿es igual que la acción de los *dharmapalas*, los protectores de las enseñanzas?

TRUNGPA RÍNPOCHE: Sí, más o menos. Pero también es más que la acción de los dharmapalas. Los dharmapalas sirven, en cierto modo, para llamarnos la atención, mientras que en este caso estamos ante un mensaje cabal.

P.: Lo que usted llama «acción de los elementos» o «mensaje cabal», ¿no es, en cierto sentido, simple acción kármica?

T.R.: Es acción kármica en el sentido de que se produce algo orgánico, pero también hay una dimensión más específicamente orgánica, que tiene un aspecto volitivo. Yo diría que tenemos dos tipos de acción diferentes. Un alud que se produce en las cercanías de una mina de carbón no es lo mismo que el alud que destruyó el lugar donde vivían los herejes.

PREGUNTA: No me queda clara la idea de las supercherías que nos llevan a convertirnos en un buda. Me suena muy poco budista eso de usar la mente para hacerse trampas a sí mismo. ¿Hay alguna diferencia con lo que usted llama engaño, el intento de mentirse a sí mismo, de burlar la experiencia?

TRUNGPA RÍNPOCHE: Es totalmente diferente. El engaño en el sentido de mentirse a sí mismo exige estrategias muy elaboradas, mientras que el hecho de convertirse en buda por medio de una artimaña es inmediato. Sucede de manera instantánea.

P.: Pero si me digo que soy buda, cuando en realidad no sé lo que es un buda...

T.R.: En realidad no importa. Se trata precisamente de eso, de que no sabemos qué es un buda. Y tal vez ser buda sea no saber lo que es un buda.

P.: Pues entonces no me parece que uno haga nada. ¿Hay que hacer algo?

T.R.: Depende de usted. Tiene que idear su propio sistema.

P.: ¿Es diferente de la simple confianza en sí mismo?

T.R.: Sí. Es un vuelco brusco, como si alguien le hubiera dado un tirón a la alfombra bajo sus pies... o un tirón a los pies apoyados en la alfombra. Es algo verdadero y es posible lograrlo.

P.: ¿Entonces es como contarse un cuento?

T.R.: Contarse un cuento exige mucha preparación. Pero la superchería nos coge desprevenidos, como si no hubiera sucedido nada.

P.: ¿Tiene alguna relación con las visualizaciones y la práctica de los mantras?

T.R.: Es muchísimo más directo. Es un simple cambio de actitud. En vez de esforzarse por ser un buda, uno se da cuenta de golpe de que el buda está tratando de convertirse en uno.

P.: ¿Tiene algo que ver con el *abhisheka* o la transmisión de poder?

T.R.: Sí, creo que sí. Es lo que se conoce como *cuarto abhisheka*, la irrupción abrupta de la inmediatez.

P.: Tengo la impresión de que tiene que haber todo un proceso de preparación para que se produzca ese cambio de perspectiva.

T.R.: Uno tiene que estar dispuesto a hacerlo. Ésa es la liberación. Aparte de eso no hay nada más. Se trata de estar dispuesto a hacerlo; eso es lo que cuenta. Uno tiene que estar dispuesto a aceptar los inconvenientes que pueden surgir después de convertirse en un buda.

PREGUNTA: Hace poco usted habló de la eternidad y de la transformación de Padmasambhava en la sílaba HUM. Esa transformación en HUM, ¿sería como una vivencia de la muerte? ¿Uno tendría que disolverse para traspasar la vivencia? ¿Tendría que morir?

TRUNGPA RÍNPOCHE: El traspasar no se relaciona especialmente con la muerte. Ser transformado en HUM equivale a convertirse en una persona intensa. Uno se convierte en un ser encapsulado. Se reduce a una cápsula, a la sensación extremadamente concentrada de ser uno mismo. Uno no es más que un grano de arena. La idea no es disolverse, sino intensificarse concentrándose en un solo punto.

P.: Cuando Shri Simha se tragó a Padmasambhava y luego lo defecó, ¿Padmasambhava seguía siendo él mismo?

T.R.: Naturalmente. Imagínese que se traga un diamante; luego, cuando lo cague, seguirá siendo un diamante auténtico.

PREGUNTA: El traspasar pareciera exigir una noción de agudeza. Uno está en medio de una manipulación egótica, y luego sucede algo que lo despierta con su agudeza.

TRUNGPA RÍNPOCHE: La agudeza que traspasa la mente neurótica sería como una navaja de doble filo que corta simultáneamente en ambas direcciones, de modo que lo único que existe es la agudeza. No es como una aguja, ni como un hacha. Atraviesa la proyección y el proyector al mismo tiempo. Por eso tiene un componente de locura: la navaja corta no sólo el objeto que se pretende cortar, sino también al que la usa. Eso le da también un toque humorístico. Nadie gana la batalla. Tanto el enemigo como el defensor son destruidos simultáneamente; es realmente una cosa de locos. Normalmente, cuando uno lucha contra algo, se supone que tiene que ganar, pero en este caso no sucede así. Ambos bandos son aniquilados. Nadie gana. O, dicho de otra manera, ambos ganan.

PREGUNTA: Tengo la impresión de que esto se relaciona con el shunyatá. En cualquier momento se podría producir una interrupción, y luego surgiría otro tipo de agudeza...

TRUNGPA RÍNPOCHE: Es absolutamente diferente. Cuando uno siente que se ha producido esa interrupción, no hay navaja ni nada que cortar. Es algo que se perpetúa a sí mismo al igual que el HUM. Desde este punto de vista, la experiencia del shunyatá y la loca sabiduría son diferentes. En comparación con la loca sabiduría, el shunyatá nos ofrece un hogar, un refugio mutuo y cómodo; en cambio, la loca sabiduría nos ofrece un proceso que consiste en cortar constantemente. El planteamiento tántrico se relaciona con la energía, mientras que la experiencia del shunyatá es sólo sabiduría, sabiduría sin energía. Es un descubrimiento, una vivencia, una especie de nido.

PREGUNTA: ¿Qué motivó a Padmasambhava a convertirse en buda? Estoy pensando en lo que usted dijo hace un rato, que rechazamos esa incomodidad, que preferimos el confort de la claustrofobia y la insensatez.

TRUNGPA RÍNPOCHE: Sí. Yo diría que en lo que se refiere a la mente samsárica, es una motivación distorsionada. Se opone a la tendencia de querer tener un hogar. Está a contrapelo de lo que nos repiten siempre nuestros padres: «¿y no te piensas casar y conseguir un buen empleo y tener una casa agradable en vez de pasarte la vida meditando?».

P.: Pero, ¿existe alguna motivación que no dependa del punto de vista samsárico, que exista por derecho propio?

T.R.: Ser estrafalario. No actuar en forma civilizada.

P.: ¿Es un aspecto nuestro que podríamos descubrir o cultivar de alguna manera?

T.R.: Eso tenemos que verlo. Tenemos que averiguarlo. No hay recetas.

P.: Esa actitud estrafalaria, ¿ya la hemos experimentado de vez en cuando en nuestras vidas o es algo que aún desconocemos?

T.R.: No sé. Descubrámoslo.

PREGUNTA: Usted dijo que el buda trata de convertirse en uno. ¿Sería ésa la motivación?

TRUNGPA RÍNPOCHE: Bueno, sucede algo muy extraño. Uno se siente absolutamente cómodo y feliz tal como es, pero al mismo tiempo le parece terriblemente doloroso. Uno no sabe muy bien si preferiría seguir así, lo que es muy agradable, o no seguir así, porque además de agradable también es sumamente doloroso. Y ese tira y afloja se produce constantemente. Ésa parece ser la motivación. Uno quisiera conservar sus mecanismos habituales, pero al mismo tiempo le parecen demasiado monótonos; ésa es la motivación. Lo que quiero decir es que no podemos definirla como algo especial. No podemos decir que uno haya emprendido un viaje hacia un lugar determinado. La orientación no está nada clara. No es que uno *no sepa* si va hacia aquí o hacia allá, pero *de todos modos* siente la necesidad de hacer algo para cambiar la situación. Ése es el carácter contagioso de la naturaleza búdica que, al parecer, siempre está intentando manifestarse.

Notas

1. Palabra sánscrita que significa «mendigo», empleada para designar a los monjes budistas. (*N. del T.*)

6. EL INTELECTO Y EL TRABAJO CON LA NEGATIVIDAD

El siguiente aspecto de Padmasambhava se llama precisamente Padmasambhava. Por alguna extraña razón, ese nombre fue adquiriendo popularidad hasta englobar todos los aspectos iconográficos del personaje. Es posible que eso se haya debido a cierta influencia gelukpa[1]. Los adeptos de Padmasambhava en el Tíbet lo llaman generalmente Guru Rínpoche o Pema Jungne, «El que nació de un loto», que corresponde a Padmákara en sánscrito. De modo que Padmasambhava es el nombre de uno solo de sus aspectos. Creo que tiene algo que ver con algún conflicto sectario en el que un bando negaba que Padmasambhava fuera un principio cósmico y lo veía como un simple pándita llamado Padmasambhava.

Sea como fuere, el aspecto llamado específicamente Padmasambhava fue un pándita, un erudito. Ingresó en la universidad Nalanda y cursó estudios en lo que se conoce como la «triple disciplina»: meditación, moralidad y conocimiento o erudición. Estas tres disciplinas corresponden a las tres divisiones de la Escritura budista llamada *tripítaka*. La primera parte del tripítaka se refiere a la disciplina monástica, la segunda a las enseñanzas fundamentales de los sutras, y la tercera a la estructura psicológica de los seres.

Muchas veces me han preguntado: «¿no sería posible avanzar por el camino espiritual sin estudiar nada? ¿No basta con meditar durante mucho tiempo y aprenderlo todo de la propia experiencia?» Mucha gente cree que si uno se sienta a meditar hasta decir basta, nunca tendrá necesidad de leer las escrituras ni de estudiar ningún texto. Según este punto de vista, bastaría con meditar para que a uno se le aclare todo. Esta manera de pensar me parece desequilibrada. No permite agudizar el intelecto ni disciplinar la mente; tampoco tiene en cuenta el conocimiento que nos impide entregarnos a estados de abstracción, aquel conocimiento que nos dice que es necesario dejar de lado ciertos estados de ánimo y sustituirlos por otros. El estudio y el conocimiento académico son importantísimos, como lo demostró Padmasambhava en su aspecto de pándita.

Uno de los problemas del intelecto y la comprensión intelectual es que cuando buscamos —y encontramos— respuestas, conclusiones y deducciones lógicas, tenemos tendencia a formarnos un concepto muy alto de nuestro entendimiento. Y si adquirimos esa mala costumbre, no seremos capaces de vivenciar las cosas correctamente ni podremos aprender nada más de las enseñanzas. Nos transformaremos en intelectuales esclerosados o ratones de biblioteca. Hasta podríamos llegar a pensar que la práctica es peligrosa si no la conocemos a fondo y que debemos estudiarla primero en un plano académico. En un caso extremo, diremos que si realmente queremos estudiar las enseñanzas budistas, primero debemos aprender sánscrito, además de japonés y tibetano. No podremos siquiera empezar a practicar la meditación sin antes haber aprendido esos idiomas y haber estudiado los textos apropiados.

Según ese punto de vista, el estudiante [del budismo] debe convertirse en un supererudito. Sólo cuando se haya convertido en un erudito consumado y perfecto logrará la budidad, pues tendrá todas las respuestas y lo sabrá todo al dedillo. Según esta manera de entender las cosas, este tipo de omnisciencia nos convierte en budas.

Esa actitud, según la cual la persona realizada es un ser muy docto, un letrado, es errónea. Es el extremo opuesto[2]. La realización no consiste exclusivamente en acumular datos. Por ejemplo, si un buda no supiera cómo poner llantas para la nieve en su coche, una persona que pensara así podría poner en duda su valor: «después de todo, se supone que lo sabe todo; ¿cómo puede ser que un buda no sepa poner llantas para la nieve?» El buda perfecto debería ser capaz de sorprendernos por sus profundos conocimientos en todas las disciplinas imaginables; sería un buen cocinero, un buen mecánico, un buen científico, un buen poeta, un buen músico. Sería bueno en todo. Aunque muchos piensen de esta manera, lo menos que podemos decir es que se trata de una noción muy imprecisa de lo que es un buda. Un buda no es ni un sabelotodo, ni un superprofesor.

Pero si la actitud correcta hacia la comprensión intelectual y la agudización del intelecto no consiste en alimentarse con millones de datos y transformarse en una biblioteca ambulante, entonces ¿en qué consiste? Tiene que ver con desarrollar acuidad y precisión en nuestra relación con la naturaleza de la realidad, y en cambio no tiene nada ver con aferrarnos a conclusiones lógicas o conceptos. En el estudio intelectual de las enseñanzas es necesario adoptar una actitud neutra, una actitud que no sea ni totalmente crítica ni puramente devocional. No tratamos de sacar conclusiones. El propósito del estudio no es sacar conclusiones, sino vivenciar las cosas de manera lógica y sensata. Ése parece ser el *camino medio* [entre los dos extremos que son rechazar el intelecto o apoyarse exclusivamente en él].

Por lo general, para destacarse en el plano intelectual hay que tener opiniones muy categóricas. Si uno es un erudito, solamente es digno de interés si ha hecho algún descubrimiento intelectual. Pero aquí no estamos hablando precisamente de descubrimientos académicos, sino de examinar y encarar nuestra vivencia. Este proceso nos permite trabajar la vivencia, martillarla, forjarla, cincelarla, como haría un orfebre con una pieza de oro, por emplear una metáfora de las escrituras. Para relacionarnos con nuestra vivencia debemos comerla, es decir masticarla, tragarla y digerirla. Con esta actitud todo, absolutamente todo, se vuelve manejable, en vez de que nos concentremos en los rasgos sobresalientes y desarrollemos nuestra personalidad hasta convertirnos en un gran doctor, experto en budología o tibetología o algo por el estillo.

En otras palabras, intelecto, en este contexto, supone la ausencia de un observador. Si nos observamos en el proceso de aprender, si nos observamos en el proceso de crecer, de desarrollarnos y volvernos cada vez más eruditos, quiere decir que nos estamos comparando con «el otro». Estamos constantemente engrosando nuestro ego, comparándonos siempre con «el otro». En cambio, cuando la vivencia y el estudio intelectual se dan sin observador, son muy simples y sencillas. El intelecto sin observador es similar a lo que describimos antes en relación con el joven príncipe. Es algo abierto, una disposición a explorar. No supone ninguna actitud especial. No va acompañado de la sensación de querer sustituir lo que está sucediendo por otra cosa, de querer sustituir la ignorancia por información. Es un descubrimiento constante de nuevas situaciones vitales y de lo que las enseñanzas y las escrituras dicen al respecto. Nos permite descubrir las sutilezas y sensaciones relacionadas con los diferentes aspectos del budismo, entender toda la geografía de las enseñanzas, de tal modo que ningún planteamiento nuevo, ninguna nueva sabiduría, nos puede asombrar. No nos asombramos porque sabemos con qué aspecto de la psicología humana se relaciona cada planteamiento. En ese caso, todo lo que va surgiendo en relación con las enseñanzas se vuelve muy simple, muy fácil y manejable. Padmasambhava en su aspecto de Padmasambhava fue un ejemplo viviente de esa práctica. Se convirtió en un gran *pándita* porque trabajó con el intelecto sin observador. Y si seguimos su ejemplo, también podremos trabajar intelectualmente sin necesidad de observarnos.

«Y si no hay observador —nos preguntaremos—, ¿cómo sabremos que hemos entendido lo aprendido?» Sin embargo, sí es posible aprender y entender sin acumular información por el solo gusto de forjarse una nueva personalidad, de crearse un nuevo ego. Ésa no es la única manera de hacerlo. Hay otras maneras de ser un gran especialista, de ser muy intelectual. Y es posible hacerlo sin observador.

El siguiente aspecto de Padmasambhava se llama Loden Choksi. Loden Choksi fue un *rajguru* (por este nombre se designa en la India moderna al maestro espiritual de una familia real). La manera en que Loden Choksi llegó a ser rajguru es muy interesante. Padmasambhava erraba de aldea en aldea hasta que al fin llegó a un convento. Se convirtió en el instructor de la superiora, una princesa del reino de Sahor, en el actual estado de Himáchal Pradesh, en el norte de la India. Esta princesa era muy importante para el reino de Sahor. Varios países vecinos habían querido hacerla reina, incluso imperios tan poderosos como China, Persia y también —según cuenta la leyenda— Roma. La princesa rechazó todas aquellas invitaciones y se negó a tener el menor vínculo con el poder y los placeres del mundo. Quería ser monja budista, y lo logró. El rey de Sahor temía que si su hija no lograba mantener intactos sus votos, [los reinos cuyas ofertas había rechazado lo considerarían un engaño y una afrenta política y] probablemente atacarían su reino. [Por lo tanto, el rey hizo rodear a la princesa de quinientas monjas encargadas de vigilar su disciplina.]

Padmasambhava estaba dándole enseñanzas a la princesa y a las quinientas monjas cuando pasó por allí un boyero y oyó una voz de hombre tras los muros del convento. Esto se supo en todo el reino y provocó un escándalo tremendo. Finalmente llegó a oídos del rey, la reina y los ministros. Estos trataron de demostrar que el escándalo se basaba en un rumor falso, pero no lograron ubicar al boyero que había sido el testigo original. Entonces decidieron amontonar una gran cantidad de presentes —oro, plata, joyas, sedas, etc.— a la entrada de la corte real y anunciaron que si el testigo comparecía y presentaba su testimonio, recibiría todos aquellos obsequios. El boyero apareció finalmente y contó su historia, que parecía ser cierta. En realidad no tenía ningún motivo oculto para propagar rumores escandalosos en el reino.

El rey despachó a uno de sus ministros al convento a averiguar qué estaba sucediendo. El ministro se encontró con que las puertas estaban cerradas con llave y con que las monjas se negaban a dejar entrar a nadie, por más que se tratase de un mensajero del rey en gira de inspección. El rey, sospechando que en el convento sucedía algo raro, envió a sus tropas. Cuando entraron en el recinto, encontraron a Padmasambhava sentado en el trono de la gran sala, dándoles instrucción a las monjas.

Los soldados intentaron detener a Padmasambhava, pero cada vez que trataban de apoderarse de él, quedaban como estupefactos y no lograban cogerlo. No pudieron apresarle. Cuando el rey supo aquello se enfureció; montó en cólera y envió al convento a un gran número de refuerzos, que finalmente lograron capturar a Padmasambhava y a todas las monjas.

Según la costumbre de aquel reino, a los delincuentes se los ejecutaba quemándolos vivos en una hoguera de madera de sándalo. A Padmasambhava lo condujeron a una pira y a la princesa la arrojaron a una mazmorra llena de espinos. Los troncos de sándalo generalmente se apagaban al cabo de unas veinticuatro horas, pero el fuego siguió ardiendo durante mucho tiempo. Contrariamente a lo que sucedía con otros delincuentes, en aquel caso ardió y echó humo durante unas tres semanas. El rey y el pueblo empezaron a preguntarse qué pasaba. ¿Sería posible que el hombre que habían arrojado a la pira fuera más que un simple vagabundo? El rey decidió conservar algunos fragmentos de hueso del vagabundo, pensando que podrían tener propiedades mágicas interesantes. Cuando el enviado del rey llegó al lugar de la hoguera, descubrió un lago inmenso, rodeado de leños que aún ardían. Padmasambhava estaba sentado en una flor de loto en medio del lago.

El rey comprendió entonces que había cometido un error garrafal y fue a hablar con Padmasambhava. Éste entonó una canción: «¡bien venido, gran pecador bien venido, rey prisionero de la confusión!, etc.». El rey invitó a Padmasambhava a su palacio, y finalmente Padmasambhava se dignó a aceptar la invitación. En el palacio del rey, según cuenta la historia, Padmasambhava dirigió el *sádhana del Mándala de Vajradhatu*[3] en el palacio del rey. A consecuencia de esto, según la historia, el reino quedó completamente deshabitado en un periodo de siete años. La civilización fue desapareciendo a medida que sus habitantes se convirtieron en grandes yoguis y se dieron cuenta de que no servía de nada seguir preocupándose de los quehaceres domésticos rutinarios. Todos se volvieron locos.

En este episodio, Loden Choksi —es decir Padmasambhava en su aspecto de rajguru— obra un milagro. El milagro es más que la simple conversión del rey; es su manera de enfrentar todas las amenazas y acusaciones de las que fue objeto. Loden Choksi manifiesta la invencibilidad de Padmasambhava; en vez de considerar los desafíos como amenazas, los convierte en un ornamento más de su actuar. La capacidad de usar los obstáculos para encarar las situaciones de la vida es una dimensión importante de la loca sabiduría.

Es posible que quienes hayan oído hablar de las enseñanzas de la loca sabiduría estén ya familiarizados con esta idea, pero para la mayoría de la gente, que cree que la espiritualidad se basa exclusivamente en la bondad, toda oposición y todo obstáculo se considera una manifestación del mal. El considerar los obstáculos como ornamentos es una idea de lo más insólita. Si el maestro o las enseñanzas están en peligro, esto se suele considerar inmediatamente como «obra del demonio». De acuerdo con esta manera de entender las cosas, en lugar de relacionarnos con los obstáculos o amenazas, debemos eliminarlos por tratarse de elementos malos, contrarios a las enseñanzas. Lo que debemos hacer es purificarnos de esta obra del diablo. Debemos dejarla de lado, en lugar de explorarla como parte del proceso orgánico e integral de la situación que uno tiene delante de sí. La solemos considerar solamente como un problema.

Estoy seguro de que si quienes ya conocemos esas enseñanzas nos examináramos a un nivel muy sutil, encontraríamos restos de esta actitud. Aunque conozcamos la filosofía y las ideas —sabemos que debemos trabajar con la negatividad y usarla como un ornamento—, a cierto nivel seguimos buscando una salida, seguimos buscando una promesa oculta.

Me he fijado en que esto es muy común entre mis estudiantes. Aunque dicen que la relación con la negatividad forma parte del proceso de relacionarse con la situación, en el fondo encuentran en este planteamiento una nueva forma de resolver el problema de la negatividad. Hasta los estudiantes más antiguos, tanto en público como en privado, siguen haciendo preguntas que se basan en esta búsqueda de una salida. Siguen creyendo que existe un «método ideal», que encontrarán el camino que les conducirá a algún tipo de felicidad. A pesar de que sabemos que la relación con el dolor y el sufrimiento forma parte del camino, seguimos empeñados en considerar que *ése* es el camino a la felicidad, la solución del problema, la mejor manera. Si hubiéramos sido Padmasambhava en su aspecto de rajguru, habríamos intentado razonar con los guardias que nos apresaron antes de que nos llevaran a la hoguera. Les habríamos dicho: «es un grave error. ¡No lo hagáis! No sabéis lo que estáis haciendo». Habríamos tratado de salir del apuro en vez de dejar que se produjera la situación, olvidando que los hechos valen más que las bellas razones.

Nuestra actitud general sigue caracterizándose por un cierto temor. No importa que las enseñanzas sean sutiles u obvias, somos temerosos en la medida en que aún no aceptamos plenamente que «tanto el dolor como el placer son adornos que es grato llevar[4]». Podemos leer esta frase, podemos repetirla y encontrarla magnífica, pero no dejamos de tergiversarla y distorsionarla en el sentido de que la desgracia y la negatividad son algo bueno: «tenemos que trabajar con ellas —nos decimos—, De acuerdo. Yo lo he estado haciendo. Últimamente me he dado cuenta de que en mi mente y en mi vida surgen todo tipo de dificultades y cosas disonantes. Y claro, todo eso no es muy agradable, pero mal que mal me parece *interesante*». Esta actitud encierra un matiz de esperanza. El hecho de encontrar «interesante» la negatividad implica que, de algún modo, si seguimos avanzando saldremos del aprieto. Aunque no lo digamos, en el fondo creemos que todo va a salir bien y que estaremos contentos. Es sumamente sutil. Es casi como si existiera un acuerdo tácito entre todos para decir que, al fin y al cabo, todos los caminos conducen a Roma.

Uno todavía está arreglándoselas con la mentalidad del hinayana. Por mucho que hablemos de las enseñanzas más profundas de la loca sabiduría, todavía creemos que la loca sabiduría nos conducirá a la felicidad, que las muletas del vajrayana nos ayudarán a recorrer el buen camino del hinayana. Eso demuestra que seguimos sin comprender que no hay ninguna esperanza, ni la más mínima. Hasta la propia no esperanza la hemos considerado como una solución. Seguimos buscando una escapatoria. Seguimos actuando en función de ese acuerdo tácito, pensando que, se diga lo que se diga, nos acercamos cada vez más a una especie de felicidad. Pero a Padmasambhava, en su aspecto de rajguru, no le importa nada todo eso. Él piensa: «Si la felicidad va a llegar, que llegue *por sí misma*. Mientras tanto, que me ejecuten, si es necesario».

«Confiésate culpable. Anda, hazlo». Eso fue lo que hizo. Y fue ejecutado como un delincuente. Pero luego algo cambió.

Reconocer como propios los errores ajenos parece muy difícil; no obstante, el dolor es el camino. No queremos que se nos culpe de una fechoría que otro ha cometido. En seguida decimos que no la cometimos: «no fue culpa mía». No podemos soportar que nos culpen injustamente. Bueno, ésa es una actitud bastante sensata, supongo; a nadie le gusta que le echen la culpa. Pero supongamos que decidimos asumirlo todo y aceptar la culpa. ¿Qué sucedería entonces? Sería interesante averiguarlo... y no tendríamos más que seguir el ejemplo de Padmasambhava, si con esto se van a sentir mejor.

Ésta es una actitud muy interesante. No es especialmente sutil; es muy burda. Solamente se vuelve sutil con la distorsión de la distorsión de la distorsión del engaño, que es una tergiversación al servicio de un objetivo.

PREGUNTA: Me gustaría saber un poco más sobre esta distorsión del engaño.

TRUNGPA RÍNPOCHE: Bueno, podríamos decir muchas cosas, pero yo diría que lo esencial es superar la autojustificación y dejar de decirnos: «todo va a salir bien. Creo en la promesa de una recompensa, *a pesar de todo*». Porque incluso creer que no hay promesa es una cierta forma de promesa. Siempre se da esa distorsión. Y, a menos que estemos dispuestos a que nos culpen injustamente, nunca llegaremos a superar el autoengaño. Pero es muy difícil hacerlo. Estamos dispuestos a mentir para salir del apuro, pero no para ayudar a los demás. No estamos en absoluto dispuestos a hacernos cargo del dolor ajeno, salvo quizá en algunos casos en que primero hablamos con la persona cuyo dolor estamos asumiendo y le decimos: «mira, estoy haciendo una buena acción por tu bien; todo esto es por ti». Nos gustaría poder conversar con la persona antes de asumir su dolor.

PREGUNTA: Padmasambhava es el león del dharma. Alguien quiere culparle de sus malas acciones. Padmasambhava le dice: «por supuesto, hágalo, desprestígieme». No lo entiendo muy bien. Tal vez tendría sentido si no existiera ninguna otra posibilidad, pero me parece que él tenía otras opciones. Podía pacificar, enriquecer, magnetizar, etc. Pero aceptar sin más la acusación falsa me parece casi una manera de evitar la situación. No veo que ésa sea una conducta inteligente.

TRUNGPA RÍNPOCHE: En ese caso, como no trató en absoluto de magnetizar, la situación adquirió mucha más fuerza. Se entregó, pero lo hizo con tal fuerza que los demás automáticamente sintieron los efectos. El resultado fue que, en realidad, Padmasambhava no necesitó retraerse de la situación; fueron los demás quienes se vieron obligados a hacerlo en su lugar.

Y a nosotros, sus seguidores, eso nos transmite el siguiente mensaje: como lo menos que podemos decir es que no nos valemos de tales técnicas con mucha frecuencia, valdría la pena actuar de esa manera. No es necesario conceptualizar y decir que el *único* camino consiste en entregarse a la situación. No se trata de eso. Tenemos un verdadero tesoro de técnicas a nuestra disposición y ésta, por lo demás, es una de las más interesantes. Vale la pena investigarla. Lo que quiero decir es que tenemos ocho maneras diferentes de encarar la vida; cada uno de los ocho aspectos de Padmasambhava nos transmite un mensaje diferente, y éste es uno de ellos.

PREGUNTA: ¿Esa entrega se parece a lo que hizo Jesucristo? ¿Dejar simplemente que se produzca la situación?

TRUNGPA RÍNPOCHE: Me parece absolutamente obvio, sí. Él simplemente asumió la responsabilidad.

PREGUNTA: No entiendo la idea de no evitar el dolor. Si no estamos tratando de evitar el dolor, ¿cuál es entonces el significado de la verdad noble de la cesación del sufrimiento?

TRUNGPA RÍNPOCHE: En este caso, la cesación del sufrimiento es la noción de ver el sufrimiento por el reverso, desde atrás, en vez de eliminarlo.

P.: ¿Quiere decir que uno se encuentra simplemente del otro lado del dolor?

T.R.: Sí, [del otro lado] del creador del dolor, que es la confusión.

PREGUNTA: Me da la impresión de que tanto Cristo como Padmasambhava tuvieron que recurrir a la magia para triunfar finalmente.

TRUNGPA RÍNPOCHE: No necesariamente. Quizá la magia surgió sola.

P.: Me refiero al lago, y a que estuviera sentado en una flor de loto y...

T.R.: No fue magia, en realidad; fue simplemente lo que sucedió. Y ya que estamos hablando de eso, se podría decir que la resurrección de Cristo tampoco fue magia; fue simplemente lo que sucedió en el caso de Cristo.

P.: Es magia en el sentido de que es muy poco común. Lo que quiero decir es que si eso no es magia, ¿entonces qué es magia?

T.R.: Bueno, en ese caso, lo que estamos haciendo aquí también es magia. Estamos haciendo algo muy poco común en Estados Unidos. Y se ha dado solo. Jamás habríamos podido crear toda esta situación. El estar aquí reunidos hablando de este tema se produjo solo.

PREGUNTA: Rínpoche, lo que dijo usted de usar el dolor como un ornamento me hizo pensar en la diferencia entre acumular información y realmente vivenciar lo que esto implica. Pero no veo cómo podemos estar seguros de que en realidad estamos en contacto con nuestra vivencia.

TRUNGPA RÍNPOCHE: Es importante no considerar todo esto como una manera de llevarle la delantera al ego. Véalo simplemente como un proceso continuo. No haga nada con él, siga avanzando y nada más. Es algo muy simple.

PREGUNTA: ¿Qué significa Loden Choksi?

TRUNGPA RÍNPOCHE: *Loden* significa «poseedor de la inteligencia» y *Choksi*, «mundo supremo», «existencia suprema». En este caso, el nombre no parece ser tan significativo como en los demás aspectos. Es muchísimo menos vívido que los nombres Senge Drádrok o Dorje Trolö, por ejemplo. *Loden Choksi* tiene algo que ver con la habilidad.

PREGUNTA: ¿Cuál es la diferencia entre el tipo de percepción intelectual directa que usted describe aquí y otros tipos de percepción?

TRUNGPA RÍNPOCHE: Yo diría que si lo único que uno hace es buscar respuestas, no percibirá nada. Cuando usa el intelecto correctamente, no busca respuestas; lo único que hace es ver, es tomar apuntes con la mente. E incluso en ese caso no se ha propuesto recopilar datos; simplemente entra en contacto con lo que tiene delante como expresión de inteligencia. Eso impide que su inteligencia se vea empañada por ideas ajenas; en cambio, uno agudiza el intelecto y puede relacionarse directamente con lo que está sucediendo.

P.: Pero, ¿cómo distinguir ese tipo de percepción de los demás?

T.R.: Por lo general, hay montones de cosas que se mezclan con nuestras percepciones; esto significa que están condicionadas, que tienen el propósito de magnetizar o destruir. Esas percepciones encierran pasión y agresión y todo tipo de cosas. Contienen toda clase de motivos ocultos, por oposición al simple hecho de ver claramente, de percibir las cosas de manera muy precisa y nítida.

Notas

1. Los gelukpas son uno de los cuatro linajes principales del budismo tibetano. A esta orden pertenece, entre otros, el Dalai Lama. (*N. del T.*)

2. Es decir, el extremo opuesto del punto de vista que rechaza el intelecto. (*N. del T.*)

3. Términos sánscritos. Un *sádhana* es una práctica litúrgica, un *mándala* una representación simbólica del universo y *vajradhatu*, que significa «espacio indestructible», es la naturaleza inherente de los fenómenos, el espacio preconceptual, primordialmente puro e incondicional. El *Mándala de Vajradhatu* es un importante sádhana de los yanas tántricos superiores. (*N. del T.*)

4 Cita del *Sádhana del Mahamudra*, liturgia compuesta por el autor y recitada por sus discípulos.

7. DORJE TROLÖ Y LOS TRES MODOS DE TRANSMISIÓN

El octavo aspecto de Padmasambhava se llama Dorje Trolö; es el último aspecto de la loca sabiduría y también el más absoluto. Antes de examinar este último aspecto, debo darles algunos antecedentes sobre los métodos que se emplean [tradicionalmente] para comunicar las enseñanzas. La idea de *linaje* se relaciona con la transmisión del mensaje del *adhishthana*, que significa «energía», o «gracia», si prefieren. Se transmite como una corriente eléctrica que va del guru del trikaya a los seres dotados de sensibilidad. En otras palabras, la loca sabiduría es una energía que fluye constantemente, y a medida que lo hace se va regenerando. La única manera de que esa energía se regenere es irradiarla o transmitirla, poniéndola en práctica o traduciéndola en acciones. Es diferente de otras formas de energía, que tienden a agotarse o extinguirse cuando se las usa. La energía de la loca sabiduría se regenera sola cuando uno la vive; se va regenerando a medida que uno la vive. Uno no vive para morir, sino para nacer. Vivir es un proceso constante de nacimiento, y no un agotamiento.

El linaje transmite esta energía de tres maneras. La primera se llama *kangsak ñen gyü*. Aquí la energía del linaje se transmite por vía oral, con ideas y conceptos. En cierto sentido, es un método tosco y primitivo, un tanto dualista. Sin embargo, en este caso el método dualista funciona y es valioso.

Si uno se sienta con las piernas cruzadas como si estuviera meditando, es posible que después de un rato descubra que en realidad está meditando. Es como lograr la cordura esforzándose por imitarla, conduciéndose como si uno ya fuera una persona cuerda. De la misma manera, se pueden usar palabras, términos, imágenes e ideas, tanto en las enseñanzas orales como en las escritas, como si fueran una herramienta de transmisión absolutamente perfecta. El método consiste en dar a conocer una idea, seguida de la refutación de [la tesis contraria a] esa idea, y luego relacionarla con alguna escritura o enseñanza auténtica provenientes del pasado.

El creer en la dimensión sagrada de ciertas cosas a un nivel primitivo es el primer paso de la transmisión. La tradición nos recomienda no caminar sobre las escrituras o los libros sagrados, no sentarnos en ellas, no dañar los textos de ninguna manera, porque contienen palabras muy poderosas. Faltarles el respeto a los libros es faltarle el respeto a las ideas que contienen. Esto equivale a creer en alguna entidad, energía o fuerza, a creer en la cualidad viviente de algo.

El segundo método de comunicación, o de enseñanza, se llama *rigdzin da gyü*. Es el método de la loca sabiduría, pero en un plano relativo, no absoluto. En este caso, uno comunica creando incidentes que aparentemente se producen en forma espontánea. Esas situaciones parecen totalmente inocentes, pero de hecho en alguna parte hay un instigador. En otras palabras, el guru se sintoniza con la energía cósmica, o como quieran llamarla; luego, si es necesario crear caos, dirige su atención hacia ese caos y el caos surge, muy oportunamente, como si se hubiera producido por error, accidentalmente. *Da* en tibetano significa «símbolo» o «signo». Eso quiere decir que el guru de la loca sabiduría no habla ni enseña a nivel común y corriente, sino que crea un símbolo, un medio. Un símbolo en este caso no representa a otra cosa, sino que manifiesta la vitalidad de la vida y crea un mensaje con eso.

El tercer método se conoce como *gyalwa gong gyü. Gong gyü* significa «linaje del pensamiento» o «linaje de la mente». Desde el punto de vista del linaje del pensamiento, incluso la creación de situaciones es una metodología burda y primitiva. Este método se basa en una comprensión mutua, que crea una atmósfera adecuada y hace posible la comprensión del mensaje. Si el guru de la loca sabiduría es auténtico, la comunicación que se produce también es auténtica y el método de comunicación no recurre ni a palabras, ni a símbolos. El simple hecho de ser transmite una sensación de precisión. [Para el discípulo, esta comunicación] tal vez consista en una espera... por nada. O tal vez [el maestro y el discípulo] actúen como si estuvieran meditando juntos, cuando en realidad no están haciendo nada. La relación también puede ser muy informal, y entonces pueden conversar sobre el tiempo, el sabor del té o la preparación de un curry, de comida china o de un guiso macrobiótico; también es posible que hablen de historia, de la vida de los vecinos o de lo que se les pase por la cabeza.

La loca sabiduría del linaje del pensamiento adopta una forma que puede resultar un tanto decepcionante para el discípulo ávido de enseñanzas. Es posible que uno vaya a visitar a su guru, después de haberse preparado especialmente para la ocaisón, y que el guru no tenga el menor interés en conversar con uno. Está leyendo el diario. O, ya que estamos en eso, del maestro puede también emanar un «aire negro», una cierta intensidad que hace que toda la atmósfera se vuelva amenazadora. No sucede nada, y a tal punto no sucede nada, que uno sale de allí con una sensación de alivio, feliz de poder irse. Pero luego le pasa algo, como si durante esos ratos de silencio e intensidad se hubiera producido todo.

El linaje del pensamiento es más una presencia que algo que sucede. Además, es algo extraordinariamente común y corriente.

En los abhishekas o ceremonias tradicionales de iniciación, la energía del linaje del pensamiento se nos inyecta en el sistema por medio del cuarto abhisheka. En ese momento, el guru nos pregunta de repente: «¿cómo te llamas?» o «¿dónde está tu mente?». Esa pregunta repentina traspasa momentáneamente nuestro chismorreo subconsciente y crea un desconcierto totalmente diferente [del que ya existía en nuestra mente]. Luego tratamos de responder y nos damos cuenta de que sí tenemos un nombre y que el maestro quiere saber cómo nos llamamos. Es como si hasta este momento no hubiéramos tenido nombre y ahora descubriéramos que sí lo tenemos. Es ese tipo de momento abrupto.

Naturalmente, es posible que ese tipo de ceremonias se adulteren. Si el maestro se limita a seguir las escrituras y los comentarios, y el discípulo espera ansioso recibir enseñanzas muy especiales, entonces tanto el maestro como el discípulo habrán dejado pasar la oportunidad.

La transmisión del linaje del pensamiento corresponde al nivel de enseñanza del dharmakaya; la transmisión por medio de signos y símbolos —la creación de situaciones— al nivel de enseñanza del sambhogakaya; y la transmisión por medio de palabras al nivel de enseñanza del nirmanakaya. Estos son los tres métodos que usa el guru de la loca sabiduría para comunicar con el aprendiz de la loca sabiduría.

Todo esto es menos fuera de lo común de lo que pudiera parecer. Sin embargo, hay una tendencia tácita a aprovecharse de la picardía de la realidad, y esto crea una sensación de locura, de que hay algo que no encaja del todo. Sentimos que corremos peligro. De hecho, se supone que el aprendiz de la loca sabiduría, el alumno ideal, debe sentirse extremadamente inseguro y amenazado; así crea una mitad de la loca sabiduría y el guru crea la otra mitad. Esta situación resulta inquietante tanto para el guru como para el discípulo. La mente no tiene a qué aferrarse. Se produce una interrupción repentina, un desconcierto.

Ese desconcierto es totalmente diferente del que proviene del desconocimiento. Es la desorientación que se produce entre la pregunta y la respuesta. Es el límite entre pregunta y respuesta. A uno le surge una pregunta, y en el preciso instante en que va a contestarla se produce un hiato. Ya ha formulado la pregunta, pero la respuesta aún no llega. Empieza a intuir la respuesta, siente que las cosas van por buen camino, pero aún no sucede nada. Hay un instante en que la respuesta está a punto de nacer y la pregunta acaba de morir.

Aquí se produce una química muy extraña. La combinación de la muerte de la pregunta y del nacimiento de la respuesta provoca incertidumbre. Esa incertidumbre es inteligente, aguda y curiosa, y difiere de la desorientación propia del ego, que nace del desconocimiento, porque el ego ha perdido todo contacto con la realidad después de haber dado a luz a la dualidad y no sabemos cómo dar el próximo paso. La dualidad del ego nos deja perplejos. Pero en este caso el desconcierto no se debe a que no sepamos qué hacer, sino a que algo está a punto de suceder pero todavía no sucede.

La loca sabiduría de Dorje Trolö no es razonable; es un tanto despiadada, porque la sabiduría no permite términos medios. Si buscamos un término medio entre el negro y el blanco, obtendremos un gris, un color que no es ni realmente negro ni totalmente blanco. No es un justo medio sino una situación de medias tintas, triste y decepcionante. Nos arrepentimos de haber querido transigir, nos sentimos absolutamente desgraciados por haber tratado de llegar a un aucerdo. Por eso la loca sabiduría no sabe de términos medios. La loca sabiduría nos lleva a extremos, intensifica nuestro ego a tal grado que nos llega a parecer absurdo, risible, una payasada... y de repente nos suelta. Y ahí tenemos una caída monumental, como la de Humpty Dumpty[1]: «ni el caballo del rey ni tampoco el caballero / lograron que Humpty Dumpty otra vez fuera entero».

Volvamos a la historia de Padmasambhava en su aspecto de Dorje Trolö. Una de las divinidades locales del Tíbet le preguntó un día: «¿qué te da más miedo?» Padmasambhava contestó: «el pecado neurótico». Pero resulta que la palabra *dikpa* en tibetano significa a la vez «pecado» y «escorpión», y la divinidad del lugar pensó poder atemorizar a Padmasambhava manifestándose como un escorpión gigantesco. Y como escorpión fue reducida a polvo...

El Tíbet, según dicen, está rodeado de montañas coronadas de nieve, y las doce diosas asociadas con estas montañas son las protectoras del lugar. Cuando Dorje Trolö llegó al Tíbet, una de las diosas se negó a rendirse. Quiso escapar de él y salió corriendo de un lado a otro. Subió una montaña a toda carrera para huir de Padmasambhava y cuando llegó arriba, lo encontró allí, esperándola, bailando en la cumbre. Arrancó cerro abajo, y cuando llegó a la planicie vio a Padmasambhava sentado en la confluencia de aquel valle con el siguiente. Fuera donde fuera, ahí estaba ya Padmasambhava. Al fin decidió zambullirse en un lago y esconderse allí, pero Padmasambhava lo transformó en un crisol de hierro fundido y la diosa salió a la superficie convertida en esqueleto. Al final tuvo que rendirse, porque Padmasambhava estaba en todas partes. Se tuvo que haber sentido absolutamente acorralada.

Una de las propiedades de la loca sabiduría es que es imposible escapar de ella. Sea lo que fuere, está en todas partes.

En Táktsang, en el Bután, Padmasambhava se manifestó en la forma de Dorje Trolö. Transformó a su consorte Yeshe Tsógyal en una tigresa preñada y se dedicó a vagar por las montañas de Táktsang montado en aquella fiera grávida. Aquella manifestación sirvió para subyugar las energías psíquicas del país, un país que estaba infestado de creencias primitivas sobre el ego y Dios.

Otra expresión de la loca sabiduría es el control de las energías psíquicas. Para controlarlas no es necesario crear otra energía psíquica más potente que las domine, ya que esto agrava el conflicto y absorbe demasiados recursos, como sucedió con la guerra de Vietnam. Uno crea una contraestrategia que provoca una contra-contraestrategia, que a su vez lleva a una contra-contra-contraestrategia. No se trata de crear una superpotencia. Para controlar la energía psíquica de las creencias primitivas hay que provocar el caos, sembrar la confusión en esas energías, confundirles la lógica. Desconcertarlas para que tengan que pensárselo dos veces. Es como el relevo de la guardia. En ese instante, cuando se lo están pensando dos veces, estalla la energía de la loca sabiduría.

Dorje Trolö controló las energías psíquicas de las creencias primitivas creando confusión. Era medio indio y medio tibetano, un hombre de aspecto indio vestido como un tibetano demente. Empuñaba un vajra y una daga, de su cuerpo salían llamaradas e iba montado en una tigresa preñada. Era de lo más insólito. No se podía decir que fuera exactamente una divinidad local, ni tampoco un guru tradicional. No era ni guerrero ni rey. Y no cabía ninguna duda de que no era una persona común y corriente. Se consideraba que ir montado en una tigresa era una aberración, pero logró hacerlo. ¿Pretendía disfrazarse de tibetano? ¿Qué pretendía hacer? Y en realidad no estaba enseñando nada. Era imposible tratarlo como un sacerdote pön o un misionero. No intentaba convertir a nadie; ése tampoco parecía ser su método. No hacía más que sembrar el caos por todos los lugares por donde pasaba. Hasta las divinidades locales estaban desconcertadas, absolutamente perturbadas.

La partida de Padmasambhava al Tíbet dejó consternados a los indios. Sentían que perdían algo muy valioso, ya que Padmasambhava había decidido entregar sus enseñanzas de la loca sabiduría solamente a los tibetanos. Era un insulto

Loca sabiduría

tremendo para los indios, que se enorgullecían de ser arios por excelencia, la raza más inteligente, los más receptivos a las enseñanzas superiores. Y ahora, en vez de entregarles las enseñanzas a ellos, Padmasambhava se había marchado al Tíbet, una región salvaje, que se encontraba más allá de las comarcas fronterizas. ¡Había decidido transmitir sus enseñanzas a los tibetanos y no a ellos! El rey Surya Simha, de [un reino que queda en el actual] Úttar Pradesh, una provincia del centro de la India, envió a tres *acharyas* o maestros espirituales al soberano tibetano, con la misión de informarle cortésmente de que en realidad el mentado Padmasambhava no era sino un sinvergüenza, un adicto a la magia negra. El rey indio le mandaba decir que Padmasambhava era demasiado peligroso para los tibetanos y le sugería que lo despachara de vuelta a la India.

Lo interesante aquí es que las enseñanzas de la loca sabiduría sólo se pueden transmitir en lugares poco civilizados, que ofrecen más posibilidades de aprovechar el caos, o la prisa[2], o como quieran llamar a este factor.

El elemento de loca sabiduría de Padmasambhava en su aspecto de Dorje Trolö es el de un guru que no está dispuesto a transigir con nada. Si tratamos de impedir que pase, estamos desencadenando nuestra propia destrucción. Si tenemos dudas con respecto a él, sabe aprovecharlas. Si nos mostramos demasiado devotos, si fiamos demasiado en la fe ciega, nos dará una sacudida. Toma muy en serio el aspecto irónico del mundo. Sus bromas son descomunales; arrasan con uno.

El simbolismo de la tigresa también es interesante. El tigre está asociado con la idea de llamas, fuego y humo. Además, dicen que una tigresa preñada es el peor tipo de tigre, una verdadera fiera: tiene hambre, está medio loca y no respeta ninguna lógica. No se puede interpretar su psicología y hacer algo razonable con ella. Es capaz de devorarlo a uno en cualquier instante. Ésa es la naturaleza del vehículo de

Dorje Trolö, su medio de locomoción. El guru de la loca sabiduría cabalga en una energía bravísima, llena de todo tipo de posibilidades. También se podría decir que la tigresa representa los medios hábiles —los medios hábiles locos— y Dorje Trolö, que es la loca sabiduría, va cabalgando en ella. Son una pareja estupenda.

Cabe mencionar otra dimensión de Padmasambhava en el Tíbet que no forma parte de los ocho aspectos: para los tibetanos, Padmasambhava también es una imagen paterna. Como tal, se le suele llamar Guru Rínpoche, el guru por excelencia. Padmasambhava se enamoró de los tibetanos y les prodigó un cariño inmenso (muy diferente del amor que sentían los misioneros por los africanos...). Los tibetanos tenían la reputación de ser unos bobos; eran demasiado leales, demasiado pragmáticos. Sin embargo, eso ofrecía posibilidades extraordinarias para introducir la locura de lo *no* pragmático: abandonar sus cultivos, renunciar a ganarse la vida, vagar por las montañas vestidos con el estrafalario atuendo de los yoguis.

Una vez que los tibetanos empezaron a aceptar que aquellos actos eran signos de cordura, se convirtieron en yoguis incomparables, porque su actitud hacia la práctica yóguica también era muy pragmática. Se entregaron a la vocación yóguica con la misma devoción con que habían cuidado los cultivos y el ganado.

Menos artísticos que los japoneses, los tibetanos eran en cambio excelentes agricultores, mercaderes y magos. La tradición pön del Tíbet era muy concreta; sólo se interesaba en las realidades cotidianas. Por otro lado, las ceremonias pön suelen ser también muy pragmáticas. Una de las ceremonias sagradas consiste en encender una fogata en las montañas, lo que protege del frío. Yo diría que el aspecto ladino que han manifestado los tibetanos en sus tejemanejes políticos del siglo XX no corresponde realmente a su carácter. La corrupción y las intrigas políticas llegaron al Tíbet desde el exterior; las aprendieron de los filósofos arios de la India y de los políticos del imperio chino.

La manera de proceder de Padmasambhava fue realmente fabulosa, y sus profecías hablan de todo lo que sucedería posteriormente en el Tíbet, incluso la corrupción. Una de sus profecías, por ejemplo, dice que el Tíbet sería conquistado algún día por China, que los chinos invadirían el país en el año del caballo, y que entrarían a toda prisa como caballos. Los chinos comunistas llegaron realmente en el año del caballo, y construyeron carreteras en todo el territorio y también entre China y el Tíbet e introdujeron los vehículos a motor. Padmasambhava también pronosticó que en el año del cerdo el país quedaría reducido al nivel de los cerdos, lo que se refiere a creencias primitivas y a la indoctrinación de los tibetanos con ideas foráneas.

Otra profecía de Padmasambhava augura que el fin del Tíbet llegará cuando los objetos domésticos de Tsang, el alto Tíbet, se encuentren en Kongpo, el bajo Tíbet. Y efectivamente se produjeron terribles inundaciones en la provincia de Tsang cuando la cumbre de una montaña cubierta de ventisqueros se precipitó hacia un lago vecino. Esto hizo que el río Brahmaputra se desbordara y arrasara los pueblos y monasterios a su paso y muchos de los artículos domésticos de aquellos lugares fueron encontrados en Kongpo, hasta donde los habían arrastrado los aluviones. Según otra profecía, el fin del Tíbet estará cercano cuando se construya un templo amarillo al pie del palacio del Potala, en Lhasa. Y de hecho, el decimotercer Dalai Lama tuvo una visión y mandó construir un templo de Kalachakra en aquel sitio, que luego fue pintado de amarillo. Finalmente, Padmasambhava también vaticinó que en la «decimocuarta etapa» desaparecería el arco iris del Potala. La decimocuarta etapa se refiere al presente, la época del decimocuarto Dalai Lama, y el Potala, de más está decirlo, es el palacio de invierno del Dalai Lama.

Cuando Padmasambhava hizo esas predicciones, el rey y sus ministros se espantaron y le pidieron que los ayudara. «¿Qué conviene hacer para proteger nuestra nación?», le preguntaron. «No hay nada que podamos hacer, les contestó, aparte de proteger las enseñanzas que os estoy transmitiendo y conservarlas en un lugar seguro». Y entonces propuso que aquellos tesoros, sus escritos sagrados, fueran enterrados.

Hizo colocar numerosos escritos suyos en cofrecillos de oro y plata, verdaderas cápsulas que enterró en lugares apropiados por todo el Tíbet, para que fueran descubiertas en un futuro lejano. También hizo enterrar algunos objetos domésticos: joyas suyas, joyas pertenecientes al rey y a la familia real y objetos de uso cotidiano de los campesinos. Presentía que la gente se volvería más primitiva, que el desarrollo de la inteligencia humana retrocedería y que nadie sería capaz de fabricar artículos artesanales con las manos y producir objetos artísticos de tan buena calidad.

Así fue que enterró estos objetos en todo el Tíbet, usando conocimientos científicos —provenientes, sin duda, de la India— sobre la conservación de pergaminos u otros objetos. Los tesoros estaban envueltos en varias capas de protección, compuestas de carbón vegetal, tiza pulverizada y otras sustancias con diversas propiedades químicas. Y por razones de seguridad, todo esto estaba rodeado de un producto tóxico para que los ladrones y otros intrusos que no tuvieran conocimientos adecuados no pudieran desenterrar las cápsulas. Algunos de esos tesoros han sido descubiertos hace poco por grandes maestros que, según dicen, son *tülkus* de discípulos de Padmasambhava. Tuvieron visiones parapsicológicas —quién sabe a qué se refiere ese término— de los lugares donde debían buscar. Hicieron una ceremonia de la excavación, con los devotos reunidos en torno a los obreros que cavaban. A veces incluso tuvieron que desenterrar el tesoro del interior de una roca.

Este proceso de redescubrimiento ha sido constante y se

han encontrado muchas enseñanzas sagradas. Una de ellas es el *Libro tibetano de los muertos*.

Otra manera de preservar los tesoros de sabiduría corresponde al linaje del pensamiento. Algunas enseñanzas han sido redescubiertas por ciertos maestros señalados que las han recordado y las han transcrito de memoria. Ésos son tesoros secretos de otro tipo.

Un ejemplo de la figura paterna que representó Padmasambhava en el Tíbet fue la advertencia que le hizo al rey Trísong Detsen. Estaban a punto de empezar las celebraciones del Año Nuevo. Entre otros acontecimientos, habría carreras de caballo y concursos de tiro con arco. Padmasambhava exhortó al rey a que suspendiera las pruebas de equitación y de tiro al blanco, pero los miembros del séquito del rey desoyeron la advertencia de Padmasambhava y durante las festividades el rey murió atravesado por una flecha disparada por un asesino que nunca pudo ser identificado.

Padmasambhava amaba profundamente al Tíbet y a sus gentes y uno podría creer que se habría quedado allí para siempre. Sin embargo —y éste es otro aspecto fascinante de su historia—, terminó yéndose. Es como si el tiempo que uno debe dedicarle al cuidado y al cultivo de una situación tuviera que ser limitado. Una vez que el país se había afianzado en el plano espiritual, había recuperado el equilibrio interno y sus habitantes habían logrado al menos *algo* de cordura, Padmasambhava se marchó del Tíbet.

Padmasambhava sigue vivo, en el sentido literal de la palabra. Y no vive en Sudamérica, sino en un lugar remoto, en un continente de vampiros, en un lugar llamado *Sángdok Pelri*, «gloriosa montaña cobriza». Aún está vivo. Y como él *es* el estado de sambhogakaya, el hecho de que los cuerpos físicos se disuelvan en la naturaleza no tiene importancia. Si lo buscamos, es posible que lo encontremos. Pero estoy seguro de que se quedarán muy defraudados cuando lo vean.

Claro que ya no estamos hablando solamente de sus ocho

aspectos. Estoy convencido de que habrá desarrollado millones de aspectos más desde entonces.

PREGUNTA: Usted habló de la transmisión del linaje del pensamiento y dijo que el maestro se encarga de crear una mitad y el discípulo la otra mitad. Yo creía que la loca sabiduría no era algo que se creara.

TRUNGPA RÍNPOCHE: Tiene razón; no se crea, pero sí existe espontáneamente. Usted tiene una mitad y el maestro tiene la otra. No se fabrica sobre la marcha, sino que ya existe.

PREGUNTA: ¿Usted cree que los Estados Unidos sean lo suficientemente poco civilizados para acoger la loca sabiduría?

TRUNGPA RÍNPOCHE: Huelga decirlo.

PREGUNTA: No entendí una frase que usted usó: «vivir para morir». ¿Podría explicarla?

TRUNGPA RÍNPOCHE: Por lo general, nuestra actitud con respecto a la vida nos hace sentir que con cada respiración nos acercamos más a la muerte, cada hora nos acerca más a la muerte. Mientras que en el caso del principio de la loca sabiduría, la energía se rejuvenece constantemente.

PREGUNTA: Rínpoche, usted dijo que Guru Rínpoche sigue vivo, literalmente, en algún lugar. ¿Está hablando en serio? Usted dijo *literalmente*.

TRUNGPA RÍNPOCHE: A estas alturas ya no se puede decir exactamente qué es serio... ni tampoco qué es literal.

P.: ¿Así que se podría decir cualquier cosa?

TRUNGPA RÍNPOCHE: Yo diría que sí.

PREGUNTA: Usted habló de un «aire negro» que produce el maestro. ¿Parte de ese aire puede ser creada también por el discípulo?

TRUNGPA RÍNPOCHE: Sí, por el temor del discípulo.

P.: También dijo que si el discípulo tiene dudas, el guru de la loca sabiduría sabe aprovecharlas.

T.R.: Sí.

P.: ¿Cómo podría aprovechar las dudas del discípulo?

T.R.: No sé si le debería revelar el secreto... La duda es un momento de incertidumbre. Por ejemplo, si uno está debilitado físicamente, puede coger fácilmente un resfriado o una gripe. Si no está preparado y no se protege, es posible que lo coja a uno en ese momento de debilidad. De eso se trata, diría yo.

PREGUNTA: Recuerdo que una vez usted dijo que cuando estaba por producirse el abhisheka, surgía un instante de miedo. ¿Cómo se relaciona eso con la inseguridad y la pérdida de estabilidad del discípulo?

TRUNGPA RÍNPOCHE: Bueno, cualquier relación entre el discípulo y el guru de la loca sabiduría se considera como un abhisheka.

PREGUNTA: En el caso de la loca sabiduría autoexistente, ¿el principio detonador es Padmasambhava?

TRUNGPA RÍNPOCHE: Es tanto el detonador como el telón de fondo. Porque consiste además de dharmakaya, y no sólo de sambhogakaya y nirmanakaya.

PREGUNTA: Usted dijo que el proceso de la loca sabiduría consiste en intensificar más y más el ego hasta que se produzca una caída monumental. Pero en otro momento también dijo que la no esperanza no se produce de golpe, sino progresivamente, en función de las situaciones. No sé como pueden coexistir esos dos procesos, que van en direcciones opuestas.

TRUNGPA RÍNPOCHE: Llevarnos a un extremo hasta que se produzca una caída monumental es la estrategia del maestro de la loca sabiduría. Pero, mientras tanto uno sigue desarrollando gradualmente la no esperanza.

P.: En la transmisión del linaje del pensamiento se produce una cierta apertura, un hiato. ¿Ésa es la transmisión?

T.R.: Sí, exactamente. Así es. Y también está el ambiente alrededor, que hasta cierto punto es general, casi como un paisaje. Y en medio de todo eso, la interrupción es el punto culminante.

P.: Tengo la sensación de que constantemente nos encontramos en situaciones en que estamos abiertos y luego nos cerramos. ¿Para qué sirve volver ahí? ¿Es una especie de práctica, ver ese espacio para poder volver a él?

T.R.: Bueno, la verdad es que no es posible recrearlo. Pero uno sí puede crear su propio abhisheka en cada instante. Después de la primera experiencia. Después de eso, uno puede crear a su propio guru interno; uno crea su propio abhisheka, en vez de esforzarse por recordar lo que sucedió en el pasado. Si uno sigue volviendo a ese momento del pasado, éste se transforma en una reliquia especial, y no sirve de nada.

P.: ¿No sirve?

T.R.: No sirve.

P.: Pero es necesario tener esa experiencia...

T.R.: Esa experiencia es un catalizador. Por ejemplo, si uno ha tenido un accidente alguna vez, cada vez que uno se encuentra en un coche conducido por un energúmeno, tendrá una imagen muy nítida del accidente. Tendrá la sensación de que puede morir en cualquier instante, lo que es cierto.

PREGUNTA: Usted describe la apertura como algo muy especial que se produce durante la transmisión. En cambio, a mí me parece que está ahí espontáneamente, de manera subliminal; está presente aquí, allá, en todas partes. Está presente de manera natural detrás de la neurosis que pasa a través de uno; es como si también pasara la apertura al mismo tiempo. ¿Podría hablarnos un poco más del aspecto natural de la apertura?

TRUNGPA RÍNPOCHE: A estas alturas, yo diría que si tratamos de ser más precisos en la descripción de los detalles, no nos ayudará mayormente. Equivale a crear tácticas especiales y explicar cómo reproducirlas. Sería como tratar de aprender a ser espontáneo leyendo un manual; no serviría de nada. Tal vez tengamos que pasar por un periodo de prueba.

Notas

1. Alusión a una copla infantil inglesa en forma de acertijo. Humpty Dumpty está sentado en un muro; se cae y se quiebra, y nadie consigue volver a armarlo. La respuesta al acertijo es que Humpty Dumpty es un huevo. (*N. del T.*)

2. La palabra inglesa aquí es *speed*, que significa literalmente «velocidad, rapidez», pero que en el lenguaje coloquial denota una prisa mental neurótica, una sobreexcitación, agitación o febrilidad que sirve para mantener la confusión dualista del ego. El gran psiquiatra español, Juan Antonio Vallejo Nágera, también hablaba de «prisa neurótica». (*N. del T.*)

RESEÑA BIOGRÁFICA DEL AUTOR

El venerable Chögyam Trungpa nació en 1940 en la provincia de Kham, en el Tíbet oriental. Tenía solamente trece meses cuando fue reconocido como un eminente *tülku* o maestro reencarnado. Según la tradición tibetana, un maestro realizado —sea éste hombre o mujer— tiene la capacidad, gracias a su voto de compasión, de reencarnarse en forma humana durante muchas generaciones sucesivas. Antes de morir, este maestro suele dejar una carta o algún indicio del lugar donde se producirá su próxima encarnación. Después de un tiempo, sus discípulos y otros maestros realizados estudian esos indicios y, basándose en un análisis detallado de sueños y visiones, parten en busca del sucesor para reconocerle. De esta manera han ido naciendo diversas líneas de enseñanza, algunas de las cuales existen ya desde varios siglos. Chögyam Trungpa fue el undécimo maestro del linaje de los tülkus Trungpa.

Una vez reconocido, el joven tülku inicia un periodo intenso de aprendizaje de la teoría y la práctica de las enseñanzas budistas. En el caso de Trungpa Rínpoche (*Rínpoche* es un título honorífico que significa «precioso» o «valioso»), después de ser entronizado como abad supremo de los monasterios Súrmang y gobernador del distrito del mismo nombre, recibió una educación que se prolongó durante dieciocho años, hasta que abandonó el Tíbet en 1959. Como tülku del linaje kagyü, su formación consistió en la práctica sistemática de la meditación junto con la adquisición de un conocimiento teórico refinado de la filosofía budista. El linaje kagyü, uno de los cuatro grandes linajes del budismo en el Tíbet, es conocido también como «linaje de la práctica».

A los ocho años, Trungpa Rínpoche fue ordenado como monje novicio. Después de su ordenación continuó con la práctica y el estudio intensivo de las disciplinas monásticas tradicionales y también otras artes, como la caligrafía, la pintura de *thangkas* y las danzas monásticas. Sus principales maestros fueron Jamgön Kongtrül de Sechen y el khenpo Kangshar, grandes maestros de los linajes kagyü y ñingma. Terminó sus estudios en 1958, a los dieciocho años, y recibió los títulos de *kyorpön* (doctor en teología) y *khenpo* (maestro de estudios). También recibió las órdenes monásticas completas.

Grandes trastornos marcaron el final de los años cincuenta en el Tíbet. Cuando quedó en evidencia que los comunistas chinos se habían propuesto apoderarse del país por la fuerza, mucha gente, tanto monjes como seglares, huyeron del Tíbet. Trungpa Rínpoche emprendió entonces a pie un arduo viaje de varios meses por las sierras del Himalaya[1]. Casi fue capturado por los chinos, y finalmente logró llegar a la India en 1959. Durante su estancia en aquel país, su santidad Tenzin Gyatso, decimocuarto Dalai Lama, lo nombró consejero espiritual del *Young Lamas Home School* (Internado para Lamas Jóvenes) en Dalhousie (India), cargo que desempeñó de 1959 a 1963.

Su primera oportunidad de conocer occidente se produjo cuando recibió una beca de la fundación Spaulding para estudiar en la universidad de Oxford. Allí estudió religiones comparadas, filosofía y bellas artes. También aprendió el arte de los arreglos florales japoneses y recibió un diploma de la escuela Sogetsu. Fue en Inglaterra donde Trungpa Rínpoche comenzó a transmitir el *dharma* —las enseñanzas del Buda— a discípulos occidentales, y en 1968 fundó el centro de meditación Samyê Ling en Dumfriesshire (Escocia). Durante ese periodo también publicó sus dos primeros libros en inglés, *Nacido en Tíbet* y *Meditación en la acción*[2].

En 1969, Trungpa Rínpoche viajó a Bután para un retiro solitario. Este retiro fue un hito en su estilo pedagógico. Inmediatamente después de regresar se hizo laico, abandonando sus hábitos monacales y vistiéndose con ropa occidental común y corriente. También se casó con una joven inglesa y juntos dejaron Escocia para instalarse en Norteamérica. Estos cambios sorprendieron y molestaron a muchos de sus primeros discípulos. Trungpa Rínpoche estaba convencido de que la única manera de hacer que el dharma se arraigara en occidente era transmitirlo libre de adornos culturales y fascinación religiosa.

En los años setenta, Norteamérica pasaba por un periodo de efervescencia política y cultural. El oriente despertaba una gran fascinación. Trungpa Rínpoche criticó la actitud materialista y comercial hacia la espiritualidad que encontró, caracterizándola de «supermercado espiritual». En sus conferencias, y en sus libros *Más allá del materialismo espiritual*[3] y *El mito de la libertad*[4], mostró que era posible trascender esas distorsiones del camino espiritual por medio de la simplicidad y sinceridad de la meditación sentada.

Durante sus diecisiete años de actividad docente en Norteamérica, Trungpa Rínpoche se dio a conocer como un maestro dinámico y controvertido. Hablaba muy bien inglés y fue uno de los primeros lamas que pudo dirigirse a sus discípulos occidentales directamente, sin intérprete. Durante sus numerosos viajes por Norteamérica y Europa dio cientos de conferencias y seminarios. Estableció sus principales centros en Estados Unidos (Vermont y Colorado), Canadá (Nueva Escocia) y Europa (Alemania), además de fundar centros de estudio y de meditación más pequeños en varias ciudades de Norteamérica y otros continentes. Creada en 1973, la organización Vajradhatu es la sede administrativa de esta red, que ha seguido creciendo después de la muerte de Trungpa Rínpoche.

En 1974, Trungpa Rínpoche fundó el *Naropa Institute*, que con el tiempo se convertiría en la única universidad de inspiración budista reconocida por el gobierno de los Estados Unidos. Tuvo una intensa actividad docente en el Instituto y su libro *Journey without Goal* (Viaje sin fin)[5] se basa en un curso que impartió allí. En 1976, creó el Aprendizaje Shambhala, programa en el que se aprende a meditar en un contexto no religioso, mediante una serie de talleres de fin de semana y de seminarios. Su libro *Shambhala, la senda sagrada del guerrero*[6] da una visión global de las enseñanzas de Shambhala.

Trungpa Rínpoche también se interesó activamente en la traducción. Colaboró con Francesca Fremantle, con quien realizó una nueva traducción de *Libro tibetano de los muertos*[7], publicada en 1975. También estableció el comité *Nalanda Translations* (Traducciones Nalanda) para la traducción de textos y liturgias para sus discípulos y también para dar a conocer a todo tipo de lectores algunos textos muy importantes.

Trungpa Rínpoche también fue conocido por su interés en las artes, y sobre todo por la perspicacia con que relacionó la disciplina contemplativa y el proceso artístico. Su propia obra artística incluye caligrafías, pinturas, creaciones florales, poesías, obras de teatro e instalaciones ambientales. Además, en el Instituto Naropa creó un ambiente educativo que atrajo a grandes artistas y poetas. La exploración del proceso creativo a la luz de la formación contemplativa prosigue en el Instituto y ha dado lugar a un diálogo muy fructífero. Trungpa Rínpoche también publicó dos recopilaciones de poemas, *Mudra* y *First Thought Best Thought* (Primer pensamiento, mejor pensamiento)[8].

Los libros de Trungpa Rínpoche que han sido publicados representan tan sólo una ínfima parte de su rico legado de enseñanzas. Durante sus diecisiete años de docencia en Norteamérica forjó las estructuras necesarias para entregarle a sus discípulos una formación dhármica sistemática y completa, que abarca desde cursos de introducción para principiantes hasta retiros de grupo para discípulos más antiguos. En estos programas se destaca la importancia de equilibrar el estudio y la práctica, el intelecto y la intuición, y sus múltiples métodos de aprendizaje permiten que estudiantes de todos los niveles descubran o profundicen la meditación y el camino budista. Los encargados de enseñar estos cursos y de dar la instrucción de meditación en estos programas son los discípulos más antiguos de Trungpa Rínpoche. La actividad docente de Trungpa Rínpoche no se limitó a las numerosas enseñanzas budistas que transmitió; también le interesaba sobremanera propagar las enseñanzas de Shambhala, que subrayan la importancia del adiestramiento mental —por oposición a la práctica religiosa—, la integración en la comunidad, la creación de una sociedad ilustrada y la necesidad de saber apreciar la vida diaria.

Trungpa Rínpoche murió en 1987, a los 47 años de edad. Le sobrevivieron su viuda, Diana, y sus cinco hijos[9]. A su muerte, Trungpa Rínpoche ya era conocido como una de las lumbreras de la transmisión del dharma a Occidente. Su gran estima por la cultura occidental y sus profundos conocimientos de su propia tradición se combinaron para crear un método revolucionario de enseñanza del dharma, en que las enseñanzas más profundas y más antiguas se transmiten en un estilo perfectamente contemporáneo. Trungpa Rínpoche fue conocido por la intrepidez con que proclamó el dharma; sin vacilación, fiel a la pureza de la tradición, de una frescura absoluta. ¡Que sus enseñanzas se enraícen y florezcan por el bien de todos los seres!

Notas

1. Todas estas peripecias se relatan en la autobiografía del autor, *Nacido en Tíbet*, Luis Cárcamo, editor, Madrid, 1986. (*N. del T.*)

2. Editorial EDAF, Madrid, 1993. (*N. del T.*)

3. Editorial EDHASA, Barcelona, 1985. (*N. del T.*)

4. Editorial Kairós, Barcelona. Publicación prevista en 1996. (*N. del T.*)

5. Este libro aún no ha sido traducido al castellano. (*N. del T.*)

6. Editorial Kairós, Barcelona, 1986. Kairós también ha publicado otras dos obras de Chögyam Trungpa: *Abhidharma: psicología budista* (1988) y *El amanecer del tantra* (1981). (*N. del T.*)

7. Editorial Estaciones, Buenos Aires, 1989. (*N. del T.*)

8. Estos libros aún no han sido traducidos al castellano. (*N. del T.*)

9. Su hijo mayor, el Sákyong Ösel Rángdröl Mukpo, es el sucesor espiritual de Trungpa Rínpoche y está actualmente a cargo de todos los centros y programas fundados por él. (*N. del T.*)

INFORMACIÓN SOBRE LOS CENTROS DE TRUNGPA RÍNPOCHE

Vajradhatu, organización mundial de centros de meditación y estudio budistas, fue fundada en 1970 por el Vidyádhara, el venerable Chögyam Trungpa Rínpoche. Vajradhatu tiene más de setenta centros locales, llamados *Dharmadhatus*, en todo el mundo. Estos centros ofrecen cursillos de filosofía y psicología budistas y talleres de práctica de la meditación. Dos centros rurales, *Karmê-Chöling* en Vermont y *Rocky Mountain Shambhala Center* en Colorado, ofrecen la posibilidad de estudiar y meditar en un ambiente más contemplativo.

Nalanda Foundation fue establecida en 1974 por Trungpa Rínpoche como organismo educativo no sectario. Una de sus divisiones es el *Naropa Institute*, universidad innovadora dedicada al estudio de las humanidades.

Por último, el *Aprendizaje Shambhala* (Shambhala Training), fundado en 1977, ofrece un programa de meditación no religiosa. Estos tres organismos, Vajradhatu, Nalanda Foundation y Shambhala Training, son divisiones de *Shambhala International*, con sede en Canadá.

Para solicitar información sobre los centros fundados por el autor, se ruega escribir a:

Shambhala Centre International
1084 Tower Road
Halifax, Nova Scotia B3H 2Y5
Canadá.
Teléfono: (1-902) 420-1118.
La dirección del centro regional para Europa es:
Shambhala-Zentrum Europa
Zwetchenweg 23
3550 Marburg
Alemania.
Teléfono: (49-6421) 34244.
La dirección del centro estadounidense es:
Shambhala Centre USA
1345 Spruce Street
Boulder, Colorado 80302
Estados Unidos.
Teléfono: (1-303) 444-0190.
En los países de habla hispana existen actualmente (1995)
dos centros, uno en Madrid y otro en Santiago de Chile. La
dirección postal del centro de Madrid es:
Centro Shambhala de Madrid
a/c Alfonso Taboada
Urbanización Los Escoriales
Edificio Herrera, apartamento 110
28280 El Escorial (Madrid)
España.
Teléfonos: (34-1) 896-0961 y 638-0159.
La dirección postal del centro de Santiago es:
Centro Shambhala de Santiago
Casilla 1900
Santiago 1
Chile.
Dirección cívica:
Avenida Providencia 1443, departamento 63
Santiago, Chile.

Teléfono: (56-2) 235-7302.
Para recibir más información sobre los programas de estudio que ofrece el *Naropa Institute* se ruega escribir a dicho centro. Dirección:

2130 Arapahoe Avenue
Boulder, Colorado 80302
Estados Unidos.
Teléfono: (1-303) 444-0202.
El Instituto tiene también una sucursal en Canadá:
Naropa Institute of Canada
5663 Cornwallis Street, Suite 303
Halifax, Nova Scotia B3K 1B6
Canadá.

Se puede solicitar el catálogo de libros y grabaciones de conferencias del autor a la librería del Instituto Naropa:

Ziji Bookstore
2011-10th Street
Boulder, Colorado 80302
Estados Unidos.
Teléfono: (1-303) 449-6219.

Senge Dradrok

SUMARIO

SUMARIO